感恩的心

——感恩教育征文选

中共阜阳市直机关工委　组编

北京师范大学出版集团
BEIJING NORMAL UNIVERSITY PUBLISHING GROUP
安徽大学出版社

图书在版编目(CIP)数据

感恩的心——感恩教育征文选 / 中共阜阳市直机关工委组编.
—合肥:安徽大学出版社,2010.9
ISBN 978-7-81110-852-1

Ⅰ.①感... Ⅱ.①中... Ⅲ.①作文—中小学—选集 Ⅳ.①H194.5

中国版本图书馆 CIP 数据核字(2010)第 168557 号

感恩的心——感恩教育征文选		中共阜阳市直机关工委 组编	

出版发行:北京师范大学出版集团
　　　　　安 徽 大 学 出 版 社
　　　　　(安徽省合肥市肥西路 3 号 邮编 230039)
　　　　　www.bnupg.com.cn
　　　　　www.ahupress.com.cn
印　　刷:合肥远东印务有限公司
经　　销:全国新华书店
开　　本:170mm×240mm
印　　张:17.75
字　　数:190 千字
版　　次:2010 年 9 月第 1 版
印　　次:2010 年 9 月第 1 次印刷
定　　价:20.00 元
ISBN 978-7-81110-852-1

责任编辑:李　梅　高　兴　　　装帧设计:鲁　榕
责任校对:马晓波　　　　　　　　责任印制:陈　如　韩　琳

版权所有　　侵权必究

反盗版、侵权举报电话:0551—5106311
外埠邮购电话:0551—5107716
本书如有印装质量问题,请与印制管理部联系调换。
印制管理部电话:0551—5106311

《感恩的心—感恩教育征文选》编委会

主　任：亓　龙

副主任：耿　玲　　孙　仁　　杜长平

主　编：高　奎

副主编：潘典华　　柳廷峰　　宁中伟　　冯　明　　白志武
　　　　　邓传海　　张向军　　杨保全　　张如明　　韦玉梅
　　　　　时春晨　　王　冰

委　员：陈家芳　　周克成　　周　君　　李林胜　　杜颖彪
　　　　　方　波　　刘　振　　杜　平　　王　军　　黄　侠
　　　　　张东红　　冯　康　　于　涛　　常　红

编　校：杜　平　　常　红　　孙　杰　　何丽娜　　骆繁荣
　　　　　时　磊　　付新宽　　佟永镇　　何家骥　　闫　鸣
　　　　　邹芙蓉　　何　静　　王海勇　　王秀娟　　韩　宁
　　　　　陈维贤

感恩 让世界更美好

（序）

中共阜阳市委书记　宋卫平

感恩像一杯清茶、一杯醇酒、一首诗歌,是一种态度、一种回报、一种智慧。作为中华民族的传统美德,感恩文化渊源流长,"孝感动天"、"卧冰求鲤"等传统故事历久弥新。今天在全社会开展感恩活动,有利于构建与市场经济相适应、与社会法律规范相协调、与传统美德相承接的道德关系,有利于进一步推动社会主义和谐社会的构建。

为深入贯彻落实《中共中央国务院关于进一步加强和改进未成年人思想道德建设的若干意见》和《公民道德建设实施纲要》等文件精神,进一步弘扬传统美德,促进青少年健康成长,我市以"感恩教育"为德育的切入点,在市直学校开展了第一届感恩教育征文评选活动,对推荐上来的千余篇优秀征文进行评选,最终评出一等奖13名,二等奖18名,三等奖68名,优秀奖若干,并将优秀征文汇集成书。

感恩教育征文选

　　翻开这本散发着墨香的征文集,一篇篇充满深情和感恩的文章,是同学们发自内心的声音,是同学们永不衰减的精神底色。同学们用一支支饱蘸情感的笔写出了自己成长过程中父母的含辛茹苦、老师的无私奉献、社会的关怀温暖对他们心灵的触动;认识到了感恩是一种良知的体现,一种道德的回归,一种责任的承担;也深深地体会到,感恩生活中的不幸和挫折,才会攀上人生境界的高峰,才能驶向人生光明的彼岸。我相信,这本书不仅能促使青少年培养感恩意识,懂得尊敬师长、帮助他人、热爱集体、奉献社会,而且会使感恩如一道金色的阳光,照耀我们每个人的心灵,让生活更加幸福,让社会更加和谐,让世界更加美好!

2010.8 于阜阳

目 录

找回错过的美好(三等奖)………阜阳三中高一(5)班　姚胜楠 /1
感恩断想(二等奖)……………阜阳三中高二(23)班　韩岁岁 /4
感恩教育(三等奖)……………阜阳三中高一(18)班　张丽华 /7
感恩四季(三等奖)……………阜阳三中高一(5)班　丁伟伟 /10
面对生活说谢谢(三等奖)……阜阳三中高二(24)班　吴晓亚 /13
悠悠岁月默默情怀(三等奖)…阜阳三中高二(24)班　姚　方 /16
感恩在深情歌声里(三等奖)……………………………………
　　　　　………阜阳师范学校2008级中文(2)班　马之军 /19
感恩母亲(三等奖)………………………………………………
　　　　　………阜阳师范学校2007级中文(2)班　汤聚梅 /25
心存感恩,人生不再孤单(三等奖)……………………………
　　　　　………阜阳师范学校2009级英语(2)班　屠程程 /27
那发,为何白(一等奖)…………………………………………
　　　　　………阜阳师范学校2006级英语(2)班　林　雪 /30
提醒感恩(三等奖)………………………………………………
　　　　　………阜阳师范学校2008级英语(2)班　牛文娟 /33
喂,天亮了(三等奖)……………………………………………
　　　　　………阜阳师范学校2009级英语(2)班　荣　梅 /36

妈的痛,我懂了(三等奖)··································
················· 阜阳师范学校2009级中文(3)班　徐婷婷 /38
爸,我回来了(三等奖)············ 阜阳卫校1405班　岳文慧 /40
听,感恩的旋律在飘扬(一等奖) ··· 阜阳卫校1428班　蔡小雪 /44
想起你时很温暖(三等奖)········ 阜阳卫校1185班　朱廷廷 /48
有一种回报叫感恩(三等奖)·······························
················· 阜阳一中东校高二(13)班　陈万肖 /51
妈,找回美丽吧(三等奖)··································
················· 阜阳一中东校高二(14)班　陈芸芸 /55
大河的女儿(二等奖) ····· 阜阳一中东校高二(10)班　丁一凡 /58
生活教会了我(二等奖) ··· 阜阳一中东校高二(10)班　沈忠全 /62
感恩,一路阳光明媚(二等奖)·······························
················· 阜阳一中东校高二(7)班　王海侠 /65
感恩的路(三等奖)········ 阜阳一中东校高二(3)班　高静雅 /68
感恩让生活更美好(一等奖)·······························
················· 阜阳一中东校高一(3)班　程　伟 /73
感恩心上流(三等奖)········ 阜阳一中东校高二(5)班　张　玮 /77
感念师恩(三等奖)········ 阜阳一中东校高二(8)班　王俊俊 /79
感谢,让我遇见你(三等奖)·······························
················· 阜阳一中东校高二(7)班　冷　宁 /81
读懂感动(二等奖)········ 阜阳一中东校高一(7)班　冯海红 /84
光阴去了,唯有你在(二等奖)······························
················· 阜阳一中东校高一(11)班　徐芷硕 /86

五年泪水,十年等待(三等奖)……………………………………
　　　　　　　　阜阳一中东校高二(14)班　侯旭东 /88
花　溪(二等奖)………阜阳一中东校高一(10)班　韩蕾蕾 /91
老师,谢谢您!(二等奖)…阜阳一中东校高一(6)班　刘丽莎 /95
永存一颗感恩的心(三等奖)………………………………………
　　　　　　　　阜阳一中东校高二(14)班　李晴晴 /97
请别抛弃大自然(二等奖)…………………………………………
　　　　　　　　阜阳一中东校高二(1)班　房伟利 /100
让母爱之花绽放(二等奖)…………………………………………
　　　　　　　　阜阳一中东校高二(11)班　刘玉萍 /103
手掌里的爱(三等奖)……阜阳一中东校高二(3)班　袁　宇 /105
送　别(三等奖)………阜阳一中东校高二(10)班　许　稳 /108
外　婆(一等奖)…………阜阳一中东校高二(2)班　许　剑 /111
拥有爱,感动爱(二等奖)…………………………………………
　　　　　　　　阜阳一中东校高一(9)班　王　刚 /114
我想对你们说(三等奖)……………………………………………
　　　　　　　　阜阳一中东校高二(10)班　何文玲 /116
邂逅微笑(一等奖)………阜阳一中东校高二(5)班　谢　萍 /119
心存有你,感恩于心(三等奖)……………………………………
　　　　　　　　阜阳一中东校高二(11)班　张晨晨 /121
心弦上的主旋律(二等奖)…………………………………………
　　　　　　　　阜阳一中东校高二(11)班　罗倩倩 /123
雪(二等奖)……………阜阳一中东校高二(1)班　黄　浩 /125

眼中的爱(一等奖)……… 阜阳一中东校高一(12)班　高　婷 /130
一路走来　感恩为伴(三等奖)………………………………
　　　　　　　　……… 阜阳一中东校高一(3)班　许　凯 /133
一生有你(二等奖)……… 阜阳一中东校高一(2)班　姜振华 /136
带着感恩出发(三等奖)… 阜阳一中东校高二(5)班　于海燕 /139
遇上您是我的缘(二等奖)…………………………………
　　　　　　　　……… 阜阳一中东校高二(10)班　徐红梅 /141
在爱中成长的我们(三等奖)…………………………………
　　　　　　　　……… 阜阳一中东校高二(12)班　韩　娟 /143
谢　谢(二等奖)………… 阜阳一中东校高一(9)班　赵　红 /146
最美丽的回报(三等奖)………………………………………
　　　　　　　　……… 阜阳一中东校高二(13)班　李　磊 /148
感恩之花,绽放心田(二等奖)……………………………
　　　　　　　　……… 阜阳一中东校高一(5)班　徐冰洁 /152
爱的传递(三等奖)……… 阜阳市实验中学八(1)班　杨晓雯 /154
感恩父母——爱的奉献(三等奖)……………………………
　　　　　　　　……… 阜阳市实验中学初二(1)班　秦南欣欣 /156
彼岸有你是晴天(二等奖)…………………………………
　　　　　　　　……… 阜阳市实验中学初二(7)班　申翊舍 /159
奋斗的源泉(三等奖)… 阜阳市实验中学初二(4)班　张天武 /162
感恩的心(三等奖)…… 阜阳市实验中学初一(7)班　沈雅婷 /165
感谢您,我的恩师(三等奖)…………………………………
　　　　　　　　……… 阜阳市实验中学初二(4)班　李　雪 /167

感谢自然,学会感恩(三等奖)·················
·············阜阳市实验中学初二(3)班　巩天择 /169
工地里那些人(一等奖)··· 阜阳市实验中学八(3)班　杨浩然 /171
我拿什么奉献给你?(三等奖)···············
·············阜阳市实验中学初一(7)班　郭小璇 /174
怀着感恩的心(三等奖)··· 阜阳市实验中学八(1)班　范雨蔷 /176
来自天堂的寓言(三等奖)·················
·············阜阳市实验中学八(7)班　宁雨溪 /178
绿叶·母爱·感恩(三等奖)················
·············阜阳市实验中学八(7)班　高恒坤 /182
妈妈,您辛苦了(三等奖)··················
·············阜阳市实验中学八(3)班　王　雨 /185
明亮的高音区(三等奖)··· 阜阳市实验中学七(8)班　李淑杰 /188
鸟巢·母爱(三等奖)··· 阜阳市实验中学初二(8)班　李子千 /191
天使请帮我爱他(三等奖)·················
·············阜阳市实验中学七(6)班　殷筱毓 /194
学会用感恩的心对待生活(三等奖)··············
·············阜阳市实验中学七(8)班　杨显龙 /196
学会感恩吧(三等奖)····· 阜阳市实验中学八(4)班　葛广玉 /199
要感恩,不要感恩节(三等奖)················
·············阜阳市实验中学八(1)班　朱博文 /202
一滴水,一个世界(三等奖)·················
·············阜阳市实验中学八(7)班　朱　宇 /204

拥有感恩(三等奖) ………… 阜阳市实验中学七(8)班　李淑婷 /207
油灯·母亲(三等奖) … 阜阳市实验中学初二(4)班　程杰英 /209
有我陪着你——给小希的信(三等奖) ………………………
　　………………… 阜阳市实验中学初二(4)班　赵　阳 /211
在感恩中成长(三等奖) … 阜阳市实验中学八(3)班　张锐博 /214
做妈妈的树(三等奖) …… 阜阳市实验中学七(6)班　蒋梦茹 /217
我的心,流泪了(三等奖) ……………………………………
　　………………… 阜阳市实验中学八(1)班　王佳丽 /219
带着感恩的翅膀飞翔(三等奖) ………………………………
　　………………………… 阜阳一中高二(7)班　王亚伟 /222
当感恩铭刻在灼热年华(三等奖) ……………………………
　　………………………… 阜阳一中高一(10)班　纵旻清 /224
蝶　觅(三等奖) ………… 阜阳一中高二(7)班　朱　睿 /226
感恩,我的昨天(一等奖) … 阜阳一中高二(5)班　沙珊珊 /228
感恩父母(三等奖) ……… 阜阳一中高二(6)班　任继来 /231
感恩生命(三等奖) ……… 阜阳一中高二(12)班　刘　洋 /233
感恩天地,情暖人间(一等奖) ………………………………
　　…………………………… 阜阳一中高二(6)班　陈锡朋 /235
感恩这存在的一切(三等奖) … 阜阳一中高二(6)班　任妮妮 /238
绿叶对根的情意(一等奖) … 阜阳一中高二(13)班　任嘉琳 /240
四季颂(三等奖) ………… 阜阳一中08级15班　胡一勃 /242
所谓感恩,在心一方(一等奖) ………………………………
　　…………………………… 阜阳一中高二(7)班　李　兰 /244

孝,只需一颗感恩的心(三等奖)……………………………………
　　　　　　　　　　　阜阳一中高一(3)班　吴瞳瞳 /247
用感恩定格人生(一等奖)　……阜阳一中高二(5)班　陈　珮 /249
紫藤和残墙(一等奖)　………阜阳一中高一(19)班　徐耿雨 /251
一路走来,感谢有你(三等奖)……………………………………
　　　　　　　　　　　阜阳一中高二(15)班　杜静宇 /253
双手合十,感恩无限(三等奖)……………………………………
　　　　　　　　　　　阜阳一中高一(21)班　阎丹妮 /255
半缕阳光(三等奖)　…………阜阳一中高一(9)班　王祥如 /257
直至一天,白发青黛(三等奖)……………………………………
　　　　　　　　　　　阜阳一中高二(17)班　邢光玛 /259
心的连接(三等奖)　…………阜阳一中高二(8)班　訾垚垚 /261
一双手(三等奖)　………阜阳工贸学校09高考班　陈贝贝 /263
感恩祖国(三等奖)　………阜阳铁路学校六(3)班　王淑琪 /265

找回错过的美好

阜阳三中高一(5)班 姚胜楠

蜜蜂采完蜜知道向花丛嗡嗡地道谢,向日葵得到阳光的爱抚知道向太阳注目感谢,乌鸦长大知道反哺……

西方有感恩节,那一天,要吃火鸡、南瓜馅饼和红莓果酱。那一天,无论天南地北,再远的孩子也要赶回家。

不知从何时起,中国也有了这样的风俗习惯。过感恩节、吃火鸡、回家团圆。食物可以模仿,风俗可以模仿,唯独模仿不了的,是那份心底的感恩之心。

感恩之心,人皆有之,只是有的人容易遗忘,遗忘了这份美好。

曾几何时,你摇头晃脑地背诵"谁言寸草心,报得三春晖";曾几何时,你注视着母亲忙碌的身影,还有那脸上的丝丝细纹;曾几何时,你注意到父亲的头上已有些许白发。

也许,你学习工作太忙,没有留意;也许,你太粗心,没有仔细观察;也许,你与朋友聊得起劲,没有回头细看。

当今时代是讲究效率的时代,慢一步,说不定就赶不上成功的班车。每个人都力争上游,渴望跳过龙门的喜悦。然而,现代的人啊,在你匆匆忙忙奔走在时尚的前沿时,请你偶尔停下脚步,看看身边的人,听听他们的声音。看看父亲是否又苍老了许多,是否又多了几根白发、几条皱纹,他还像以前那样健康吗?听听母亲的唠叨,和她一起回忆童年的稚言趣事,说说家长里短。一起散散步、购购物、买买菜、烧烧饭,一家人在一起吃顿饭,岂不是人生一大乐事!无需太多付出,无需太多语言,无需太多脑力,更无需太多的金钱,不是吗?

那就请你打开尘封的心灵,以一颗感恩的心,拾起一粒遗落在秋天原野上的麦粒,品味丰收的汗水;以一颗感恩的心,捧起一颗椭圆的水珠,体会生命的价值;以一颗感恩的心,拂去蔚蓝天空中的尘埃;以一颗感恩的心珍惜充满爱的意义。

把爱赠予自然,还它一片安宁,护它一方水土,爱它周围的朋友,送它一份来自人类的迟到的礼物。让它知道我们依然在一起,我们依然惺惺相惜,我们依然以一颗感恩的心在看着它,理解它,保护它,守着它。

把爱赠予为我们辛劳一生的父母,不再让他们与孤独相伴,不再让他们担心操劳。岁月的无情夺走了他们的青春容颜,消耗了他们的健康体魄,耗损了他们的旺盛精力。所以,请不要熟视无睹,也不要费尽心思找借口,更不要让他们欲言又止,退到人后,好吗?他们正渐渐老去,别等到"子欲孝而亲不待",别等到后悔的那一天,可以吗?

把爱赠予和谐的社会,不再令它蒙上阴影,不再令它窒息,不再让它受伤,不再想着征服它、指挥它。只因它是我们最真挚的朋友,最珍贵的瑰宝,一切的一切都因它而存在。"人生若只如初见,何事秋风悲画扇"。倘若人类保持最原始、最纯朴的心态,或许这个世界就会不一样;倘若人类都有感恩之心,常做感恩之事,常发感恩之论,或许这个世界就会不一样;倘若一切都简单而治,工业没有浓浓的毒烟、产品没有隐隐的毒患、金钱没有贪婪的阴影,或许这个世界就会不一样。然而,这些都只是"倘若"。

所以,请你拥有一颗感恩之心吧!不要让它迷路,不要让它彷徨,更不要让它孤单无助!

从现在起,请你以一颗感恩的心找回你错过的美好……

——感恩教育征文选

感恩断想

阜阳三中高二(23)班　韩岁岁

我曾一次次叩问青春,审视那些凌乱、叛逆、嚣张的片段。然而就在那残垣断壁的青春的废墟上,总有花朵傲然凌风盛开,感恩就是一丛盛开的野菊,独自散发着芬芳!

过去的日子如迷雾般最终被风吹散,被阳光蒸干,那些少年稚嫩而不羁的面庞,那双被洁白的发丝微微遮住的双眼,以及那些在讲台上绞尽脑汁解释物理或化学的老师,一颦一笑,皆如此清晰鲜明地呈现在眼前。曾经的恨、怒、不平、抱怨,这一刻皆无力地四处逃散。这一刻,朦胧的感恩如野草般纠结在心灵深处,疯狂地生长。似乎在一瞬间,感觉自己长大了,忽然明白了许多许多。

默默无言,回首凝望。

我不知道一个少年青春的外表下如果有一颗不再柔软却苍老的心会如何。只知道,有一天你不再张狂了,你宛然变得沉默,如同花儿盛开过后的颓败,极致之后的落寂。你发现你伤害了太多的人。他们爱着你,即使你使他们伤透了心。皓月当空,繁星点点,你用月光般澄澈的心境追溯那星光般迷幻的过去,再难以漠视那份真切的爱。无边的愧疚铺天盖地向你袭来,你如同一个孩子般流着泪,觉得你欠了太多,感恩便在那无边的愧疚中升华喷薄。

是一瞬间的感觉,是难忘的永恒。

你不再浑浑噩噩打着青春的旗号漠视那些关爱的目光,你不再龇牙咧嘴,哈欠连天地握笔书写,你明白自己欠了哪些。你希望看到他们满足的笑,你的快乐因他们而在心里绽放,你的心情会随着他们起伏,你知道自己多了一份成熟,多了一份责任。正如同你知道他们无私地爱着你一样,你也理所当然地感恩着他们。没有为什么。那是一刹那的升华。你终于明白,人不能只为自己而活,否则只会徒增虚狂而忽视生命的真正意义。

相互感恩,生活才会甜蜜。

萍水相逢也是相逢。你的人生路上遇到的不可能都是归人,大多是匆匆过客。路人甲或路人乙陪你走过一段人生的旅程,留下一段或悲伤或欢喜的回忆。然而无论是阳光还是云翳,都将是你人生相册的点缀。感恩每一个与你相逢之人,感谢他们带给你的每一份充实的回忆。

冰心先生曾说过:"愿你生命中有足够的云翳,来造就一个美丽的黄昏。"

感恩生活,即使你看到了许多云翳。你或许认为自己正在经受着痛苦,你挣扎着并怒斥着一切你所遭受的不幸,你否定痛苦的人生,甚至不相信世界存在公平。普希金也曾迷茫,但他最终释然:"假如生活欺骗了你,不要悲伤,不要心急,忧郁的日子里需要镇静,相信吧,快乐的日子将会来临。"没有痛苦即没有所谓的幸福,苦尽甘来才最甜。

你所谓的痛苦就如同炽火,让你这块铁百炼成钢。经历了痛苦,你的人生得到了充实,你的心更加坚韧。你拓展了生命的外延,更加珍惜片刻的幸福;你剔除了人生的杂质,留下了人生之精华。感恩生活,因你拥有如此之多。

总有一天,在枝头凝成露水的你,会回望那些在记忆里盛开的花朵。

指导教师:王莅君

感恩教育

阜阳三中高一(18)班　张丽华

　　光阴荏苒，岁月从指间悄悄流逝。面对过往的青春，绚丽的梦在心中沉淀，七彩的故事划过心田，成长留下最清楚的一处印痕。回眸年华的远去与青春季节的轮回，几多思考，几多感悟，在心间旖旎成一处风景，在岁月的河流中，我慢慢欣赏。

　　用感恩的心生活。

　　不知何时，耳中布满喧嚣，再也听不到爱的声音；不知何时，双眼被阴霾蒙蔽，再也看不到漂亮的景致；不知何时，心中充斥悲愤，感觉不到善的存在。我像一只受伤的小鸟，心中充满痛楚，却不知怎样疗伤；我像一个迷失方向的孩子，心中满是绝望，走在漆黑的夜里。时间滴答滴答，岁月从耳边走过、哭过、笑过；笑慰着生活的给予，承纳着命运的色彩纷呈。经历了年轻的懵懂，收获着成熟的心路里程。不知何时，喧嚣渐渐退去，阴霾静静退去，悲愤化为宁静。直到那不经意的一天，我发现一切都不曾改变，唯一改变的是自己的心。时间给了我一颗感恩的心。

　　带着感恩的心去聆听。

　　所有的喧嚣退去，爱的声音在心中回响。一切都变成空气，看不到默默爱我的人,听不到幸福在耳边的吟唱,永远保持远望的姿态,寻找天空中清远的梦。追逐中,我满是辛酸。以为所有的幸福都离我远去。当乘上火车,当熟悉的风景慢慢向身后退去,当站台上熟悉的身影最后化成一个小点……顿时,所有的空气被抽去,我像跃出水面回不到大海的鱼儿,一切挣扎都变成徒劳。那一刻,我明白:爱不曾远去。同时,我学会了用感恩的心去听那爱我的声音,去感受那爱的暖和,学会了在感谢的同时去给予,去付出,去关心……

"妈妈,天气变凉,注重保暖。爸爸,忙碌之余,多多体息。奶奶,注重身体,延年益寿。"感恩的心带给我一份踏实的幸福,我不会再去远望那水中的花朵,因为,一颗感恩的心让我找到最真的幸福!一颗感恩的心让我抓住生命的寄托,感受血脉相承的真谛。

感恩的心带着我去观望。

所有的阴霾散尽,漂亮的景致填满双眼。我,忘不了那天真的面庞,忘不了那憧憬的声音,更忘不了那双漂亮却无神的眼睛。一个可爱的小盲女拉着我的手,满是向往地问我:"姐姐,天空真的是湛蓝的吗?那又是什么样子?"那一刻,我的心被那天真和憧憬重重敲击。我的双眼噙满泪水。那一刻,我从心里感激上天给我一个健全的身躯,让我看到五彩的世界。从那时起,我的双眼不再紧盯失去的一切。不知不觉,心在感恩中沉淀,悲愤散尽,换来宁静。

在沉淀中,感谢困难,是困难让我更加有斗志;感谢坎坷,坎坷教会了我坚持;感谢失败,失败带给我成长。

每一段曲折的路都让我更接近生命的真谛。在宁静中,感谢身边的朋友们,是你们让我体会到友谊的芬芳;感谢我的老师,是你们带我在知识的海洋中畅游,带我寻找到生命中最真最纯的意义;感谢生命带我在这世上体味缤纷,感受生活。当耳旁不再喧嚣,当眼睛不再迷茫,当心不再悲愤,让我们沉淀下来,用一颗感恩的心去生活,用感恩的心去发现,去探索,去品味生命中的至真至纯!

感恩教育,让我有一颗感恩的心。感谢生活,在时间还没有完全流逝得无影无踪的时候,教会了我用感恩的心去生活。

感恩四季

阜阳三中高一(5)班　丁伟伟

感恩四季,因为它赋予了我们太多的美丽。

——题记

我常常暗自惊叹大自然的神奇,惊叹它竟能够创造出四季,使我们能够在沐浴春风之后穿泳装,欣赏红叶之后品腊梅。总之,感恩四季,谢谢它使我们平淡的生活变得如此有滋有味。

浪漫之春

"碧玉妆成一树高,万条垂下绿丝绦。不知细叶谁裁出,二月春风似剪刀"。这首诗活灵活现地展示了春风的鬼斧神工。春风唤醒了大地,万木吐绿;春风唤醒了花儿,百花齐放;春风更唤醒了人们的心灵,温暖的春风使人们在经历了一冬的苦寒之后,活跃起来,享受这浪漫的春天。"竹外桃花三两枝,春江水暖鸭先知"。在春天刚刚来临之际,在一片竹林之中,泡一壶清茗,嗅着泥土的芬芳,观赏一幅"鸭戏春江图"是再惬意不过了。"儿童放学归来早,忙趁东风放纸鸢"。其实不仅是儿童,如果有兴趣,挑一个春风正盛的日子,来到郊外,放飞纸鸢,在春风中放飞理想,放飞希望,也不失为一件美事。

生命之夏

夏天是充满活力的,因为夏天的绿色是最多的,而绿色又是生命的颜色,因此说夏天是生命之夏。"小荷才露尖尖角,早有蜻蜓立上头";"接天莲叶无穷碧,映日荷花别样红"。在我眼中,荷花是夏天最具象征力的事物。她独立于碧波之上,静静地绽放,粉红的轻盈似纱的花瓣、鹅黄粉嫩的花蕊,展现了荷花清纯脱俗、婀娜多姿的形象。微风吹来,平静的湖面漾起一层微波,无边的荷叶此起彼伏,掀起一层"绿浪";亭亭玉立的荷花则轻舒身姿,微微颤动,舞起了曼妙的舞姿。一幅"碧水夏荷图"将暑气一扫而光。生命之夏,给予我们无限的生命力。

成熟的秋

秋天,在这个丰收的季节里,人们不仅收获了粮食,更收获了喜悦。金黄的稻子、火红的高粱和柿子在向人们招手,灿烂的笑容挂在人们的脸上。"丰收"、"丰收",人们心中充满着这两个字。"停车坐爱枫林晚,霜叶红于二月花"。既然是秋天,自然少不了说说那满山的红叶。人们常说:"香山红叶红满天。"但我们家乡的枫叶也不比香山的差。满山的红叶,像浓浓的红颜料,涂抹在山的每一个角落。我最爱的便是挟一本书来到枫林中,挑一静谧之处,轻轻地翻开书,耳际传过微风拂过枫林沙沙的响声。一片枫叶飘下,正好落到了书上,它是那样别致、可爱,让人舍不得将它抛弃,小心翼翼地夹在书中,保存到永远、永远……

诗意的冬

通常人们都不太喜欢冬天,因为它寒冷、单调,甚至对它饱含厌恶之情。但如果你细细观察,就会发现,冬天却有许多美丽之处。雪和梅便是冬天极为美丽的东西。在我看来,雪和梅必须放在一起去欣赏。"梅须逊雪三分白,雪却输梅一段香"。有雪无梅,是空;有梅无雪,是俗。"墙角数枝梅,凌寒独自开。遥知不是雪,为有暗香来"。这首诗可以说是极好地描绘了梅与雪相互映衬的美丽。寥寥数语,却为人们描绘了一幅简单却又韵味十足的"寒雪腊梅图"。几枝腊梅在墙角静静地开放,远远望去却无法分辨它是梅还是雪,唯一的提示便是一股淡淡的清幽的香味,使人们陶醉、迷茫。环顾远处,人们仿佛来到了粉妆玉砌的童话世界,大山、树木、茅屋都披上了银色的外套,看上去如此高贵、典雅,这使我不禁想起了"北国风光,千里冰封,万里雪飘"的描述,更着实有种"山舞银蛇,原驰蜡象"的想象。看来,冬天并不是索然无味,而是充满诗意的。

春、夏、秋、冬如一粒粒璀璨夺目的宝石,它们被用"年"这根神奇的绳子串起来,变成了一串美丽的项链,供我们观赏、品味,但它又是无价的。感恩四季,感谢它带给我们的美丽。

指导教师:徐天舒

面对生活说谢谢

阜阳三中高二(24)班　吴晓亚

昨夜的雨打落了一些娇嫩的花,枝丫上还零星地点缀着些可爱的绿叶。她们是那么的喜人,绿色只是她们的外表,而生机才是她们的内涵。

走近一棵桃树,吸一口气,你仿佛能闻到生命的气息。没错,她们是自然的精灵,是风儿带她们来的,她们叫做花。贴近她,你更能感受到生活的气息。因为大自然将她赐予了我们,她和她的同伴们一起构成一个美妙的世界。

在这个世界里,小草尽情地舒展身躯,望着那温暖的太阳,遐想着属于自己的美好。绿树应是最富有情趣的了,她们伴着风儿一起舞动,那婀娜多姿的倩影在百花的掩映下,愈发地迷人了。花儿,自然是分外惹人了。她们有的像刚发芽的小草一样娇嫩,有的像新雨后的芙蓉一样清新,有的像大海里的珍珠一样晶莹,有的像高山上的雪莲一样纯洁。她们全都沉睡在这温馨的氛围中,而我也就在这氛围中生活,所以我们应该感谢她们,她们才是我们生存的天与地。

走近每一个清晨,你会感到生之活力,生之希望由此而始。这里有鸟儿清脆的鸣叫声,有树叶儿沙沙的轻吟声,有清泉汩汩的流淌声,有时钟滴滴答答的行进声。这一切都为这个美丽的早晨营造了安详、和谐的意境。而我们也睁开双眼,拉开窗帘,尽情欣赏这自然的美丽。也许你陶醉其中了,莫要惊慌,只管去遨游,让你的心随着那北归的雁群一起去徜徉于天的怀抱中、云的睡梦里,直到暮色降临。

暮色降临,你不要认为是件煞风景之事,其实不然。清晨有清晨的宁静与祥和,傍晚有傍晚的意蕴和情调。此时喧闹了一天的世界开始逐渐安静下来,鸟儿回家去了,牛群和羊群也停止了躁动,偶尔传来一两声猫头鹰的啼叫,使人心惊。

世界变得静谧了,一切都如觉醒了一般。只有那天上一轮孤单的明月,没有风,一片树林,在这皎洁的月光中愈发诱人。你这时可以仰望天空,与明月对视,向她倾诉你心中的不悦;你可以触摸清风,让她拭去你的烦心事;你也可以呼喊着你心爱人的名字。因为在这里,一切都是那么静谧。你就是你,没有工作的烦恼,没有上级的批评,没有虚假的谎言,没有强颜的欢笑。在这里,你和其他事物一样,自由自在,无拘无束,这就是夜的魅力。也许,在这宁静的夜里,放松身心也是一种享受。

其实,要感谢生活,首先必须学会欣赏生活,而我刚才所说的自然就是如何欣赏生活。但是,光知道欣赏生活是不够的,关键是看到这是一种恩赐,而不是一种必然的给予。

也许我们都活得太忙碌了,或忙碌于自己的学业,或忙碌于自己的事业,总之,很少有时间享受一下生活。我们中或许有一部分人感觉到自己在工作中可以获得充实,但是对于大多数的人来说,却是当你将身心都投入到没日没夜的工作中去时,其实,生活也就远离了你!

在日常生活中也有很多有"闲空"的人,整日无所事事。按理说,他们应该能够感悟生活或感谢生活,其实也不一定。他们中有很多人在无事时感到更多的只是空虚,于是有很多人在空虚中虚度,带着对生活的失落与乏味,没有意义地度过了一个又一个清晨,最终还是一无所获,带着一副空空如也的皮囊离开了这个世界。不曾感受生活,他们又何谈感悟生活,又何谈感谢生活?

所以,我们生活在这个世界上,无论如何,都要学着感谢生活。比如,一块块金黄的油菜花地,我们要感谢她,她给予我们以芬芳的气息、美丽的颜色、金色的想象,使我们活着更有意义,更有生机。

聆听生活,感受生活,感悟生活,其实就是感谢生活。

指导教师:王莅君

悠悠岁月默默情怀

阜阳三中高二(24)班 姚 方

我站在父亲的肩上,去摘星星;星星没有摘到,却压弯了父亲的脊梁。

——题记

十六岁的天空最湛蓝,十六岁的年华最美好。十六岁的我,只是一个普通的农村女孩。而父亲,是九亿农民中的一分子,像广大的农民一样。我知道,曾经有多少个春夏秋冬,有一个人一直在任劳任怨,面朝黄土背朝天,把他辛勤的汗水一滴滴洒进贫瘠的土地。我也知道,曾有多少个严冬酷暑,有一个人卑微地在城市的一隅,拼命地奔波吆喝,只是为了一家人的生计。他,就是我的父亲,我至爱的亲人!

我还记得小时候,有一年我们家种植了几亩地的洋葱,每天天刚亮,父亲就下地劳动去了,翻土、拔草……似乎成了他每天的必修课,甚至有时忙得顾不得吃早饭。我并不知道那么辛苦是为了什么,只是想象着喜获丰收的情景。然而上天不眷跟父亲开了个玩笑,这些洋葱总是逃不过路人的魔掌,加之干旱的天气,用车拉回家的也只有鸡蛋那么大的葱头。父亲唯一的寄托,我家的希望

便成了泡影。父亲始终没有太多的话语,阴沉郁闷的脸似乎在向我诉说着什么,我害怕得不敢多说一句话,只是帮父亲剪葱叶。在院中,伴着星星、月亮,一点点地消磨这难熬的时光。宁静的夏天,父亲的心却颇不宁静——上市的价格很低,父亲每早匆匆拉往集市,很晚也只能默默归来,默默地叹息。又有谁知道父亲的辛酸?我不知道,被葱叶染绿的手指是不是最漂亮的,也许是吧!肯定是!

  没有收成根本无法维持生计,我和弟弟上学的学费更不会有着落,就这样,父亲带着淳朴厚实的农民味,独自一人步入了中国最繁荣的地方——上海。人生地不熟,可想而知他有多么艰难。后来他卖生姜、大料,到郊区的村子里去吆喝,蹬着三轮车。一天下来真的很累,来回百里,他的手脚都磨出了水泡,加之本来就营养不良的身体,终于有一天他病了。吐血!当我听到这个字眼,像被人猛打了一棍。父亲啊!你是用你的生命换我的青春,换我的未来啊!你傻吗?冬天,不多睡一会儿,却迎着大雪,忍着寒冷舍不得买双棉手套;夏天,为什么伴随你的还是白开水,味道真的很好吗?苦涩的味道,一年一年,或许只有你自己知道。父亲,答应女儿,照顾好自己!

  我懂得太晚,爱得太迟。当我长大了接触东西多了以后,我才知道,白眼和蔑视是多么可怕!而父亲,那个我未曾给太多关注的亲人,就这样,在城市的街头,奔波劳苦。走在匆匆的行人中,那可怜瘦弱的身体显得那么渺小,那么不起眼。不惑之年,银丝已悄悄藏在稀疏的黑发中,我这才不知不觉地发现,岁月的沧桑已爬上他的脸,漫进他的心。匆匆的时光啊!你毫无怜惜地让父亲慢慢变老,而我却知晓甚晚!

现在的我已行走在高中学习的路途中,而默默爱我的人还在外面不停忙活着。可能到我高中毕业、大学毕业,也可能到永远。生活中,当我遭遇挫折时,我曾怨天尤人,但静下心来细想想,他埋怨过谁,放弃过吗?没有,从没有。我们只是差了二十来岁,是什么让他磨炼成坚忍执拗的性格,是家庭的生计、孩子的学费,仅此而已。但这已经够了,因为上帝已经把全世界最珍贵的称号"父亲"赋予给他。他扛着一肩责任,怎能松懈,又怎能随意放弃呢?

　　传说女儿是父亲前世的情人,我很庆幸我降临到了父亲的身边。而他为我付出的,却不是一两句话就能说清的。我让他操碎了心,在他生命的天平上,我和弟弟永远是最重的那头。尽管在外面,他像所有农民工一样,钢筋铁骨。我知道,他也是一个平凡的需要爱的人。我的灵魂深处有这样的人伴我静静求索,即使前面的路再艰难,我还怕什么?

　　不怕了,我是世界上最幸福的人了。在泥沙俱下、鱼龙混杂、物欲横流的大千世界里,还有谁能给我一份纯粹的无需回报的爱?那就是我生命中最重要的人——父亲。这爱,无需言语,无法修饰。父亲,您放心,我会携着爱的翅膀,努力飞得更高更远!

　　感恩的心,感谢有你,伴我一生,花开花落,我一样会珍惜!

　　爸,女儿会让您成为最幸福的人!

指导教师:王莅君

感恩在深情歌声里

阜阳师范学校2008级中文(2)班　马之军

岁月奉献给季节,雨季奉献给大地,我拿什么奉献给我的爹娘;白云奉献给蓝天,江河奉献给海洋,我拿什么奉献给我的朋友;白鸽奉献给天空,星光奉献给长夜,我拿什么奉献给我的青春;长路奉献给远方,玫瑰奉献给爱情,我拿什么奉献给你,我的……

——歌曲《奉献》

一

音符拨动着心底舒缓的旋律,歌词记录着心中深情的感恩絮语,歌声喜欢给你、我、她心中永恒的记忆。

花儿之所以如此娇艳,是因为它有感恩泥土的滋养和栽培;那春天的小草之所以如此嫩绿,是因为它在报答大自然曾经赐予它的生命和顽强;那穿梭于林间的杜鹃、百灵鸟的啼叫之所以这般悦耳,是因为它们在感谢赋予它轻歌的森林;彩虹之所以这般缤纷绚丽,是因为它在感怀着它的天空……一切之所以美丽,之所以灿烂,是因为它们都有一颗感恩的心。

我来自偶然,像一粒尘土,有谁看出我的脆弱,我来自何方?我情归何处?谁在下一刻呼唤我?

为了帮助孩子们,他曾用舞台构筑课堂,用歌声点亮希望。没有丝毫保留,不惜用生命借贷。今天他的歌声也许不如往昔嘹亮,却赢得饱含敬意的喝彩。他的名字叫——丛飞。十多年来他为社会公益演出300多场,义务服务时间达3600多小时,无私捐助失学儿童和残疾人达146人,认养孤儿32人,捐助金额超过300万元。孩子都亲切地叫他"爸爸"。

丛飞用生命建立了一座感动的心桥,留下了一份让人铭记的感恩之心。感谢生命,感恩的心,花开花落,让我们一样会珍惜;感恩的心,感谢有您,伴我一生让我有勇气做我自己。

二

曾经,她在我眼里无所不能;曾经,我总拉着她的衣角寸步不离。

我渐渐长大,而她却悄悄老去……

她不再无所不知,而她的怀抱依然温暖,却已让我感到一种束缚。

于是我挣开,放飞自己。

有一天,不经意地回头才发现:她,我的母亲,已站如一棵树。枝条是她期待我回家的臂膀;绿叶,是她呼唤我的脸庞。严寒酷暑、刮风下雨她站在那里等我、爱我,到永远……

在那遥远的小山村,我那亲爱的妈妈已白发鬓鬓。过去的时光难忘怀,难忘怀。妈妈曾给我多少吻?吻干我那脸上的泪花,温暖我的心。

遥望家乡的小山村,她那可爱的小燕子,可回了家门。女儿有个小小心愿,小小心愿:再还给妈妈一个吻,一个吻!吻干她那思儿的泪花,安抚她那孤独的心。女儿的吻,春天的吻,愿天下妈妈得欢欣!

三

清晨,是谁在敲打我那古老的窗棂,惊扰了有些潮湿朦胧的梦?从梦中惊醒,张开疲倦的双眼,感受刺眼的光芒,如同潮水般汹涌澎湃,我早已潮湿的心扉。

阳光轻抚着脸颊,那味道,甜甜的。

枕边潮湿触动着我双眼模糊的泪花。那一刻,我知道它来自一份真情的感动。

父亲患间歇性精神病,不堪重负的母亲离家出走,面对年幼的弟弟和嗷嗷待哺的妹妹,十二岁的少年依然选择了继续。然而艰难困苦并没有压弯他稚嫩的脊梁,反而磨砺了他改变命运的坚强信念。为了照顾病中的父亲,他曾经学种地,选择打工挣钱。后来,他……

以后的故事,或许你早就知道了。他,就是感动中国年度十大人物之一——"孔战辉"。

十二年来,他克服了种种困难,把一个和自己没有血缘关系的弃婴一手养大,靠做小生意和打零工赚来的钱读书。在他看来,一个人的自立自强才是最重要的。有许多好心人曾给他捐助,但都被他拒绝了。他说,做人应该有爱心、信心和责任心。他觉得上天给予他的已经足够了,现在要做的就是:怀着一颗感恩的心回报社会。

这是心的呼唤,这是爱的奉献,这是人间的春风,这是生命的源泉。在没有心的沙漠,在没有爱的荒原,死神也望而止步,幸福之花处处开遍。

四

我小时候常坐在父亲肩头,父亲是那登天的梯,父亲是那拉车的牛,忘不了粗茶淡饭将我养大,忘不了一声长叹半壶老酒。

总有一个人将我们把梦想支撑,总有一种大爱将内心震颤。这个人就是父亲,这种爱就是父爱。即使是绘画高手也难勾勒出父亲那坚挺的脊梁;即使是文学泰斗,也难以刻画父亲那不屈的精神;即使是海纳百川,也难包罗尽父亲对儿女的爱。

等我长大后,山里孩子往外走。想儿是一封家书,千里叮嘱;盼儿归是一袋焖烟,漫天说星斗。都说养儿能防老,可再苦再累不张口。儿只有轻歌一曲和泪流,愿天下父母平安度春秋。

五

　　余光中在《地图》中曾这样写道：当你还在中国的时候，你完全不了解中国的意义。但当你了解中国的时候，你已经不在中国了。于是你用一抹寻觅的眼神想去读懂她……因为她是所有父亲的父亲，她更是所有母亲的母亲，所有华夏祖先的摇篮。

　　于是，你看到了大禹为人民的幸福，三过家门而不入；你看到了林则徐为民族存亡谱写着虎门硝烟的壮丽凯歌；于是你听到了方志敏发出："敌人只能砍下我们的头颅，绝不能动摇我们的信仰。"是什么让我们如此地铭记在心？

　　因为他们有一颗赤诚的中国心。

　　山河只在我梦里，祖国已多年未亲近。不管怎样也改变不了我的中国心。洋装虽然穿在身，我心依然是中国心。我的祖先早已把我的一切烙上中国印。长江，长城；黄山，黄河。在我心中重千斤，无论何时无论何地，心中一样亲。留在心里的血，澎湃着中华的声音，就算生在他乡，也改变不了我的中国心。

六

　　"鸦有反哺之意，羊有跪乳之恩"；"胡马依北风，越鸟朝南枝"；"鸟飞返故乡兮，狐死必首丘"。感恩种种，此情依依。人就如此，只有在懂得感恩中才会变得成熟、深刻、睿智。

只要把一块小小的明矾放到水中，就能沉淀所有的渣滓；如果在我们心中培植一份感恩之心，则可以沉淀许多的浮躁不安，消融许多哀愁和不幸。

感恩，让我们在深情的歌声里仰望。

指导教师：范红梅　汪佳佳

感恩母亲

阜阳师范学校2007级中文(2)班　汤聚梅

昏暗的灯光下,时钟滴答滴答走到十点半了。我却辗转反侧难以入睡。拉开窗帘,早有一轮明月静静地挂在空中,几颗小星星在周围调皮地眨着眼睛。窗下偶尔几声蝉鸣。明天就要交一篇关于感恩母亲的作文了,可是我的笔在纸上又走了很久,却没有落下半个字。

其实对于我来说,写作文并不是一件难事。可是要写母亲,此时我的手却僵硬了。我写过我的老师、我的同学,甚至写过我自己,却从未写过母亲。

在我的脑海里,母亲是一本厚厚的诗集,细腻柔和,韵味悠长;母亲是一篇动人的文章,曲折百转,动人心弦。每当闲暇之时,捧起这一份感动认真品读,瞬间就潜到心灵深处。其实,母亲这本书,我又能读懂几段文字?但只要翻开它,心便不再寂寞。

母亲是平凡的。她生在农村,长在农村。她的心灵也因此接受了农村风土乡情的洗礼,她还拥有一个母亲应该具备的所有特质。小的时候在农村,母亲起早贪黑,每天天刚放亮,就扛着锄头去地里除草;清冷的露水打湿了她的裤腿,温热的汗水流过她的脊梁。太阳升得老高时,她才扛着锄头从地里回来,坐在庭院里纳凉,高兴地和我说今天她干了多少活,下午再去一次基本上就能完工了。她兴奋时的样子像一个小孩子,一点也不累。我多次劝她,早晨别去得太早。而她却说早晨空气好,到田里一边干活一边呼吸新鲜空气,能锻炼身体,保持青春。可是我分明看到她额头上渐渐延伸的皱纹,头上悄悄增多的白发。

母亲是朴素的。她的衣服补了又补,我说:"妈,这衣服都破了,别再穿了,添套新的吧。"母亲总是训斥我说:"毛主席当年还穿着补丁衣服去接见外国人呢,我一个乡下人穿件衣服有补丁又怎么了?"母亲从不追求时尚,大街上放着《老鼠爱大米》的歌曲,人人传唱,而母亲却生气地对我说:"现在的年轻人爱穿着打扮,追求时尚;等老鼠把大米吃完了,挨饿的还是他们。"我只是微笑着,不说话……

现在的生活已逐渐好了,而母亲却依旧如故。她总是忙忙碌碌闲不下来。有一次晚饭过后,大家都在一起看电视,而母亲却哀叹起来:"孩子大了,像只风筝越飞越远喽。"当时我不知母亲为何莫名地说这些话,而如今我才懂得这些话的含义。是啊,我就是母亲手中的一只风筝,她用长长的引线把我放飞到高空中,我努力在天空中寻找自己的梦想,却忘记了引线的这端还有一双紧紧攥着线的手。不管刮风下雨,不论电闪雷鸣,从不松手。

一路走来,母亲为我做得太多太多。乌尚反哺,羊俱跪乳,我却无措地站在原地不知如何感恩,如何报答。我想明天无论有多忙,我都要抽出时间去看我的母亲……

走过多少年,宛如走过一条静静的河;沿途的风景格外动人,而人的一生亦是如此,我们都要学会感恩。春华秋实,自然万物用自己的方式感恩着大地母亲,而我们更要谱写一首感恩父母的和谐乐章。

指导教师:马 群 刘伟伟

心存感恩,人生不再孤单

阜阳师范学校2009级英语(2)班　屠程程

一

　　我是一片毫不起眼的绿叶,点缀在那枝头上,成长的岁月里每天我都静静地挂在一片属于我的世界里。春去秋来,经过一季又一季的辗转,我身上最后一抹绿色将被时间带走。瑟瑟的秋风,吹着摇摇欲坠的我。我清楚地知道自己的生命将要告一段落。但我不悲不弃,骄傲地抬起头,挥洒出我生命中的最后一丝力量——融入泥土,孕育下一代。

二

　　我是一块毫无光泽的石头,随意地躺在河边。每天被潺潺的流水洗涤。岁月如梭,我身上的棱角已被流水磨平,就像磨掉了一个人的"心高气傲"而更加圆润了。我默默接受着大自然赋予我的一切。被风吹过的那个午夜,我被一双稚嫩的小手捡起,从此结束了我单调的生活。我被安放在金鱼缸里变成了另一道风景;我感激那潺潺的流水,没有它多年的冲刷,也没有现在完美的我。

三

当孤独再次袭来,习惯了用沉默来回应,我是渡口那条无人问津的小船。当一天喧闹的人生之剧落幕时,陪伴我的只有桅杆上那盏发黄的孤灯。"月落乌啼霜满天,江枫渔火对愁眠",两颗孤独的心就这样相互安慰着。灯火照亮了黑夜中寂寞的灵魂,落在水面上的身影不会觉得孤单。看似微弱的灯光却带给彼此莫大的关怀和信任,同时也相互感激着对方的存在。

四

当风吹起最后一圈涟漪,当听到轨道下不成调的音符,我们有太多的无奈。钻出了象牙塔,外面的世界让我们悲喜交加。喜,我们的"翅膀硬了",可以选择自己的人生;悲,一路的"横冲直撞",让身心疲惫。于是追逐梦想的道路上我们忘记了回头,忽略了人生最重要的一课——感恩。为自己的成长买单,感谢身边帮助过我们的人。停下脚步感受枫叶淋漓尽致的美丽,用心告诉自己:世上不只有万木萧疏,还有如画风景;世上不只有如画风景,还有美丽的心灵。

感恩绿树成荫的遮蔽,如亲如师般庇护我们成长。

感恩每一种如磐石般的坚守,似朋似友的支持。

感恩布满阴霾的孤单,如患如敌的恐惧让我们面对挑战,重新奋起。

感恩世间所有的那些曾经还未抹去的丝丝感恩絮语。

因为有你,我不孤单。

指导教师:张黎黎

——感恩教育征文选

那发,为何白

阜阳师范学校2006级英语(2)班 林 雪

爸爸和妈妈,老了。

真的老了。

这是我按下手机快门拍照的刹那唯一想到的。爸爸握着妈妈的手,脑门抵在一起朝镜头快乐地笑。我觉得像两头老牛,温馨快乐的牛。

爸爸的头发已经斑白,以前挺得很直的身体现在也变弯了,眼角和额头爬满了细细的皱纹,走路已经不像当年勇猛有劲,只是微眯着他的老花眼,蹒跚着,走得很慢。

妈妈已经没有当年雷厉风行的身姿,语气中更多的是温柔还有隐藏多年的孩子气。她做的饭菜没有了以前的美味,常常不是太咸就是没放盐。也许是被病魔折磨得太久,也许是岁月不饶人的衰老,也许是一路走来生活的腐蚀,也许是成就了我们前进的脚步……

你看,他们头发泛白时,我的头发由黑色变成了栗棕色,梳着流行的发式,一天洗一次头并用吹风机吹出满意的发型;他们的皮肤爬满皱纹粗糙得没有光泽时,我用着惯用的爽肤水滋润我那嫩滑的皮肤,使它更加有弹性,有光泽;当他们拖着缓慢的步子走到门口的那条大路时,我已经奔跳着来回穿梭了几趟……

你可知,那发为何白?

因为,他们真的老了。

因为,他们成就了我们。

在他们青春奋发、朝气蓬勃的时候,选择了付出他们宝贵的精彩人生,以孩子为中心为幸福,付出,奋斗,给我们无尽的爱,无私的爱。就这样将哇哇叫的无知孩子培养成今天的我们。然后这代价便是——他们迅速苍老,体弱多病。

这一段美好的年华里,他们教会了我,什么是亲情,什么是友情,什么是爱情,什么是无怨无悔的付出,什么是感恩;他们教会了我,敢于面对失败,跌倒了再勇敢站起来;他们教会了我,要学会爱自己,对人也要友爱,要有一颗善良真诚的心;他们教会了我,要有责任心不逃避,受伤了要顽强,一个人面对挫折要坚强;他们教会了我很多很多。

那情,那爱,让我这浅薄的文字再也无力描绘出……

那发,为何白?

因为春去秋来,花谢花开;因为岁月无情,来不及等待;因为我们消耗了他们全部的精力和爱。

罗兰曾说,时常想到父母,我们便不自暴自弃。可是,我们又有多少个漫不经心的时日会想到父母呢?

在你为朋友过生日时,有想到父母的生日是何时吗?在你甜蜜地过情人节时,有想到父亲节或母亲节吗?在你过着西方的圣诞节时,有想到感恩节吗?你甚至有对父母说过一句"我爱你"吗?你有想过那发为何白吗?

也许有,也许没有!

时间不等人,如果你太久忽视了身边的你的父母,那请用一颗感恩的心,去为父母做点微薄的、力所能及的、但会让他们很开心的事。树欲静而风不止,子欲养而亲不待。不要怀疑,不要迟疑,就现在,立刻,马上。

你要知道,你经历美好时,他们正在苍老;等你苍老时,他们便永久地离开了。不要彼时感慨,那爱回不来!

那发,为何白?

指导教师:张金叶　金瑞锋

提醒感恩

阜阳师范学校2008级英语(2)班　牛文娟

随着社会突飞猛进的发展,西方的节日文化已跨越了地域与民族的界线,逐渐融入了我们的生活。面对这些因新奇而充满诱惑力的节日,我唯独钟爱感恩节。它不如情人节那么浪漫,也不抵愚人节那么搞笑,更不似圣诞节那么热情,但她却以一种平和温暖的方式提醒着我们,永远不要遗失那颗感恩的心。

的确,感恩需要提醒,在现代社会更应如此。因为生活中感恩的步伐似乎已在慢慢趋于隐匿,取而代之的是无休止的抱怨。

过上了平淡安稳的日子,我们却抱怨它不够富裕;拥有了关爱我们的亲人,我们却抱怨他们太过唠叨;交到真心以待的朋友,我们却抱怨他们不够体贴……我们似乎忘却了,忘却了曾经贫穷时,能过上平淡的日子,哪怕只有一天;忘却了曾经失意时,能有人鼓励,哪怕只有一句;忘却了曾经无助时,能有人关心,哪怕只有一点……

现代生活的快节奏,让我们忘却了感恩,无暇去感恩,于是日子便浮躁起来,变得喧嚣不安。生活好像早已需要提醒,感恩也同样需要得到提醒。

提醒感恩是一种乐观积极的生活态度。也许生活中真的有很多不如意之处，但是让我们换个角度去品读它，以一颗宽容之心去迎接它时，我们会发现心情已明朗了许多。

常言道：滴水之恩，当涌泉相报。感恩，你忘了吗？醒醒吧！想想我们的父母，赐予我们生命，含辛茹苦地把我们养大，又不求回报地爱我们疼我们，他们对我们的恩情似海深。需要我们用自己的一生去回报。想想我们的老师，传授我们的知识，告诉我们做人的道理。想想我们的朋友，在惊慌无助时，抚慰我们；在肆意张狂时，告诫我们；在茫然失落时，鼓励我们；在困惑委屈时，给我们力量。想想进入我们生命的人，是他们一点点描绘出我们的人生。重拾过往的记忆，值得感恩的人实在太多太多，我们是在他们一路上对我们包容、安慰、关心、鼓励、呵护、提醒中长大的。我们都是有良心的人，并非忘恩负义之徒，让我们带着几分憧憬，怀着感恩的心情，相信追随梦的脚步会迈得更加踏实，更加有力！

"感恩"，你忘了吗？这是一种提醒，是提醒我们要感恩，要让我们学会感恩，重拾感恩。感恩生命，感恩它给了我们体验生活的一张入场券；感恩爱，感恩它给了我们感受温暖的热源；感恩机遇，感恩它给了我们升华自我的阶梯；感恩苦难，感谢它给了我们继续拼搏的筹码……

"感恩"，你忘了吗？在今天现实生活中，源远流长的感恩情怀时刻体现在我们身边。我们应该感恩，我们若是拥有了一颗感恩的心，我们的生活将会变得轻松百倍，我们何乐而不为呢？

对生命最好的回报莫过于珍惜，对爱最好的回报莫过于传递，对机遇最好的回报莫过于把握，对苦难最好的回报莫过于升华……

感谢你生命的所有,感谢这个世界值得我们感激的人,感谢你所有的所有吧!毕竟自己才是生活的主角,不断地进取、自强不息、永不言败才是生活的法则。感恩是一种慰藉,却不可以成为一种麻醉,感恩是需要学习的。

记得毕淑敏曾经说过:"享受幸福也需要学习,当它即将来临的时刻需要提醒,人可以自然而然地学会享乐,却无法掌握幸福的韵律……它像倾听音乐一样,需不断的训练。人们常常只是在幸福的金马车驶过去很远时,才捡起地上的金鬃毛说,原来我见过它。"

人们总喜欢观摩感恩的标本,却忽略了它散发清香的时刻,那时候我们步履匆匆,或许早已忘记了感恩来临的时刻了。

世上有预报台风的,有预报蝗灾的,有预报流感的,也有预报地震的,但却没有人预报感恩。

所以当感恩来临的时候需要提醒。让我们拥有一颗感恩的心,哪怕别人给予我们的是一个简单的微笑、一句简单的话语,即使是在不经意间的,我们也要学会感激这一切……

让我们一起来提醒感恩。在每一个感恩节,也在每一天……黎明的时刻,真诚地呼唤,相互提醒。对那些曾经给过我们帮助的人……说声"谢谢"吧!让那些在苦难与挫折中挣扎、坎坷路上徘徊的人们,作着虔诚的呼唤,让我们一同走向未来的康庄大道,一同呼唤幸福的金马车,一同提醒你我心底的感恩之情,行吗?

指导教师:彭晓风　汪佳佳

喂,天亮了

阜阳师范学校2009级英语(2)班　荣　梅

　　我是一只自由的鸟,生活在黄河边的一片茂密的森林里。那里风景秀丽,空气清新;那里河水清澈,碧波粼粼;那里野草肥美,鲜花盛开。我和伙伴们生活在一个无忧无虑的家园里,各种动物和睦相处,常常在一起举行盛大的 party！我们自由,我们快乐！

　　在这个蓝色的星球上,曾经有过无数的统治者。然而,从未有过一种统治者像人类这样攀上史无前例的高峰！人类给地球带来了各种挑战！在全球干旱和半干旱地区发生的土地"荒漠化"不仅造成了长期生态退化,还引发了森林的灾难。

　　那一日我们的家园被毁灭,人类越来越猖狂了！把我们住的一棵棵树都砍了,甚至连我们的家人和朋友都被抓走了！可恶的猎手,把我们美好的一切都毁灭了！他们的目的就是向"钱"看。那一年他们的环境越来越糟糕了,空气质量下降的速度犹如甲型H1N1流感传播的速度。洪涝、沙尘暴席卷而来,整个城市被沙尘暴笼罩了起来,连出行都很麻烦。

　　人类开始注意他们的生存的危境,他们似乎意识到自己错了？确实,他们开始认真策划方案,他们充分认识到"退耕还林"既是改善生态环境的迫切要求,又是恢复美好家园的重要措施。

相比我们对生命的追求,人类是多么的伟大。他们为我们创造和谐家园,而且他们建立了动物独有的基因族谱。比如说蛇,蛇是人类重要的一种动物;在一些原始部落,如美洲印第安人就有蛇氏族,有的甚至将响蛇作为人类氏族标志。澳洲的华伦姆格人有一种图腾崇拜仪式,仪式上人们用颜料涂抹全身,扮成蛇的样子,且歌且舞,讴歌蛇的历史与威力,祈求蛇神保佑。还有中国的熊猫,被称为国宝;还有黑熊,它们都被视为重点保护动物。

他们尊重我们,拯救了我们的同胞。给我们生存下去的环境,保障了我们的生活质量,为我们构成了生态安全体系。我们可生存的草场植被逐年恢复了,风沙危害明显减小了,特别为动植物的生存繁殖提供了栖息环境。人类也在植被配置上做到宜乔则乔、宜灌则灌、宜草则草。

因为人类的退耕还林,使我们有了栖息安身之地,因为人类退耕还牧使我们有了生活保障。更重要的是人类有了立法,猎手不再猖狂了,我们在森林里乐逍遥。所以我们会和人类和睦相处。

我是一只自由的鸟,生活在黄河边的一片茂密的森林里,那里风景秀丽,空气清新;那里河水清澈,碧波粼粼;那里野草肥美,鲜花盛开……

指导教师:张黎黎 汪佳佳

妈的痛,我懂了

阜阳师范学校2009级中文(3)班 徐婷婷

开学了,妈妈依旧送我。

我走在后面,紧紧地跟着她,看着她吃力地拎着我的包,身体向拎东西那只手的方向倾斜着,眼睛不知为何就模糊了,兜里装着的生活费好像在不停地拍打着我,好疼!

"妈,我拿会吧,你歇一下。"我知道她很累,于是说着便去拿包。"我不累,这不就到了吗!"妈妈冲我疲惫地笑了笑,换了只手,身子依旧倾斜着。我明显感觉到她内心是很高兴的,也明显能感觉到她在两年多来一次一次送我的过程中渐渐衰老了。

车来了,我坐好后,妈妈习惯性地对着车窗向我摆手,嘴里念着那句说过无数次的话:"好好学习,注意身体,有事打电话回家。"我使劲地点了点头,妈妈不等我坐的车走就转身匆匆离开,因为家里还有活等着她。望着那个背影,一股心酸涌上心头,妈老了,我懂。

我的妈妈刚刚四十出头,本该保持美丽容颜的她却过早地老了,我在电视上看过许多四十多岁的明星,像杨澜、巩俐、赵雅芝等等,个个美丽高贵,她们的年龄与我妈妈相仿,却为何一直像花一样地绽放着？我妈妈是个劳苦的农村妇女，长期干着繁重的农活，时刻为在外地读书的女儿操心，还要照顾家中的弟弟妹妹，年轻如何属于她、美丽如何属于她？我的大家庭中不怎么和睦，爸爸兄弟姐妹多，出人头地的也不少。我爸爸从小就不喜欢学习，所以学历低。大姑姑一家四口迁到上海，生活还不错；小姑姑自己开了一家广告公司，小叔也有很好的工作，唯独我爸爸在老家开货车。家庭矛盾的压迫使她呼吸不畅，可她从来不会说什么，一切让她学会了认命，只是在撕日历中度过一天又一天。这一切我都明白，她心中一直都有一个希望，而我就是她希望的源泉。

　　车子驶离了熟悉的土地，妈的身影也渐渐模糊。望着那渐渐消失的背影，我想到，妈妈如此地坚信女儿编织的谎言，真相信女儿的成绩在班里一直是前几名。在女儿的谎言里，她为女儿幻想了一幅幅美好的图景，却在2008年的6月，一切谎言都不攻自破，一个彩虹般的希望都破碎了。女儿的无能该是她心里最大的痛吧？如今，一切都风平浪静了，我也心平气和地在这里尽量拯救妈妈最初的梦想，虽然时过境迁，但妈妈的期望一直未变过。

　　这个自命不凡的女生、这个孤傲自信的女生，总是沉浸在郭敬明编织的幻境里的女生，或许该醒了吧？或许该投入到无尽的计算公式中去了吧？或许该背诵难记的单词了吧？或许该为自己为妈妈拼一下了吧？是的，应该这样做了。为了前程，也为了妈妈。我想再美的散文与诗歌都重不过算数公式，重不过人生的中考与未来。因为爸妈养活我，不仅仅是让我活着。

　　现在，妈妈依旧送我，留给我的一直只有背影而已……

指导教师：刘　艳　汪佳佳

——感恩教育征文选

爸,我回来了

阜阳卫校1405班　岳文慧

在我记忆的画板上,有暴风雨洗不尽的一抹青黛,在某个落叶亦或飘雪的季节唤起我心中对父亲的思念。

2009年6月的父亲节,哥哥送给爸爸一个精致的钱夹作为礼物,而我,却两手空空,什么也没有送给他。

因为在我心目中,儿时的我身边没有父母的陪伴,12年前我还依偎在我姨奶的身边撒娇,偶尔会问她:"我爸妈在哪里?"而姨奶就会用她那苍老却温暖的手抚摸着我的头发,轻轻告诉我:"你爸妈在医院上班,他们忙,没有时间来看你。"

1999年的9月份,我离开了姨奶的家回到了爸妈的身边,因为我要上幼儿园了。

环境的突然改变让我极其不适应,每个周五下午都是我"解脱"的日子,因为每当这个时候,姨奶都会早早地来到学校把我接到她家过周末。然而不巧的是,每个周五都是父亲从医院回来的日子,父亲只有周末在家。所以,在我儿时的记忆里,"父亲"永远都是最模糊的那一页。

后来,我上了小学,虽然每天都呆在家里,但是我从来不和我

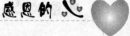

父亲亲近,这或许真的是因为我们聚少离多的原因吧!

日子一天天过去,转眼我上初中了,初二的时候我的成绩开始下滑,而父亲对我的态度也有了很大的转变。

他开始更加频繁地让我听写英语单词,检查数学题;开始更频繁地给我夹讨厌吃的菜,开始对我越来越苛刻,甚至连鞋带怎么个系法都要管到。

于是,我开始逃避,当我因为不会写单词而被罚跪搓衣板的时候,当我看着碗里令我讨厌的饭菜而苦恼的时候,我真的想马上消失在父亲面前。我想离开他,离得越远越好,哪怕一辈子都不要见到他!

曾几何时,父爱的温暖消失在我的世界里。

然而时光流逝,人总要长大,2009年6月,我告别了自己的初中生涯。

中考结束填志愿表的那天,父亲专门打电话过来让我填报阜阳卫校。当时我的心情很复杂,因为我觉得自己终于可以离开家到外地上学了,我终于不会再因为不会写单词而被罚跪搓衣板了,我终于不会再因生活琐事而被整日训骂了,重要的是,我不会再因每个周末都要见到父亲而苦恼了。然而我又为自己的前途而苦恼,后悔自己初中时没努力学习……

爸,我终于离你更远了!

然而,我错了。入学两个月我只回了一次家,仅仅是那一次,我彻底改变了对父亲的看法和态度。

10月中旬,我因要拿团员证而回了一次家,而当时刚刚开学一个星期。

用钥匙打开家门的那一刻,父亲正坐在沙发上看电视,我轻轻地讲了句："爸,我回来了。"但就是这句话却让爸爸激动得像个孩子一样脸上挂满了激动而欣悦的笑。

这是因为我以前从未和父亲打过招呼,每个周五他一回来,"迎接"他的只有我那张面无表情的脸。不是我不想和他打招呼,而是不敢,因为我总感觉我们的距离很远很远,我说不出口。

那个周末,我和父亲相处得很好。他并没有像以前一样一见面就开始"挑我的刺"。

周末的中午我要回校了,临走的那一刻,我第一次看到了父亲眼里流露出的舍不得。

几个小时后,我刚刚到学校,手机就响了起来,是父亲发来的信息——"你到学校了吗?"仅仅六个字,却让我泪如雨下。

两个月后的一天,我又一次意外地接到了父亲的电话,他说在教室外等我,让我出去一下。我当时觉得自己在做梦,用力掐了自己一下,然后飞快地跑出去……

12月初的天气格外寒冷,父亲为了等我下课,站在教室外足足半个小时,北风掠过他那不再年轻的面容。父亲低着头,双手放在上衣口袋里。

见到他的那一刻,我马上低下头去系鞋带,其实鞋带并没有脱落,我只是想擦一下眼泪……

父亲第一次为我带许多吃的东西,父亲第一次说我瘦了,父亲第一次说见到我有点不习惯……

我也第一次感觉我们的距离近了,更近了,我第一次从心里喊出来："爸,我回来了!"我不再想着怎么逃避父亲,因为我终于明白,父亲始终是爱我的,只是方式不同而已。

除了感动,我终于觉得父亲真的不容易,因为他每周一到周五都在医院忙碌,还要为我和哥哥上学的事而操劳。

真的很谢谢你,我亲爱的爸爸。

经过分离,我才明白自己心里的真实情感。我最最亲爱的爸爸,让我这样告诉你,在你女儿的生命里,每一天都是你的节日,一刻也不许耽搁!

因为你是坚不可摧的,为我挡风的墙,是厚实的;为我摘星月的手,是牢靠的;随时供我依靠的肩,是温暖的,可以包容我的所有过错。

因为在你那里,有我想要的全部!

女儿一定会带着一颗感恩的心上路,一直坚持努力走完自己的路程!

爸爸,你辛苦了,我不会再逃避你,更不会远离你!

爸,我回来了……

指导教师:付新宽

感恩教育征文选

听，感恩的旋律在飘扬

阜阳卫校1428班　蔡小雪

　　如阳光普照，倾下金色的温暖，温暖博大的蓝天；似流水洋溢，绘出岁月的缤纷，朴实的大地。听，感恩的旋律在飘扬。

——题记

感恩光的普照

　　一缕金色的感恩的光，从黝黯的缝隙里滴漏，滑落到阴霾肆虐的灰暗上。刹那间万丈光芒如瀑布倾泻，掀起了阳光的波澜壮阔，浸透了浓浓的关爱馨香，灿烂了大地的春暖花开，弥漫了幽暗的孤独悲伤。蓦然间，列列作响的阴冷狂风顷刻沉默，那凝固的寒冰，似脆弱的玻璃瞬间支离破碎，消融成潺潺溪流。含苞待放的花盛满泛着涟漪的金色光，绽开红润绚丽的微笑。朝阳从地平线上冉冉升起时，告别了漫漫黑夜的凄凉，阳光缓缓流泻着光明的河，渗入感恩的光亮溢满大地，充盈着每一寸黯淡的角落，倒映在人们内心里斑驳多彩的湖面，荡漾起一波感恩的泪光。夕阳融进一片如画的晚霞,依然残留的微光揉碎在空气里纷扬,沉浸在人们映红的双眸里,闪烁着感恩的光。如果岁月里的痛苦忧愁、烦恼沉抑的灰雾弥散周围,至少还有光,明媚的存在,它毫不吝啬地普照我们。用光明吞没了黑暗,用温暖驱除了严寒,萌生了我们感恩的爱,消解了隐匿仇恨的毒,感恩的旋律飘扬在普照的光里,谱写着乐章。

感恩天的博大

古老的天空像蔚蓝的大海,历经斗转星移的变迁,历史风卷云涌般的演变。它随着岁月的轮转,循环往复地变换,昼夜分明亘古不变的黑白,阴晴不定的季节里永恒深邃的神秘,仰望博大的天空,它寂寞地映射在黑色的瞳孔里,像潭无边的湖水平静或涌动。空旷的博大填平狭小的心,广袤无垠的胸怀,可以容纳一切的博爱。它无声地弹奏一季一季的天籁。没有永远的白昼或黑夜,它伴随着我们走过似水的流年,凝望着我们随时间飞逝。度过的一页掀开离去的日子,里面上扬着感恩的微笑,流动着感恩的目光碰触,传递着感恩的言语牵挂。天空掩去了黑暗幽深的冰凉,一点点涌上明亮的暖意浮动,铺满希望的白昼散入眸底,卷起深海里一丝细沙般的微微颤动,翻腾的波浪柔软了内心深处。而暗夜漫开时,天上的月漂浮在夜幕上,印下一弯朦胧的苍白,淡淡的月色透过疏密错落的树丛映出斑驳的影子,像破碎的秋水起伏微荡。璀璨的星芒浮游在月旁,看人们在梦河里徜徉。感恩的旋律飘扬在博大的天空里,拨弹琴弦。

——感恩教育征文选

感恩水的洋溢

一条岁月的河穿过灼热的沙漠,沙漠成了一片生机盎然的绿洲;一片绵绵的雨倾洒干涸的大地,大地露出一抹浓郁流动的绿意;一潭澄澈的湖卧在高耸的青山,青山有了一丝隐约若现的灵气;一滴感恩的泪注入冰封的寒心,寒心化为一汪温润动人的恩情。捧起一杯清淡的白开水轻轻啜饮,细柔的水滑入干渴的喉咙,清凉舒畅滋润了我们躁动的内心。水是生命的源泉,因为它的存在,生命之花如此灿烂地开放,萋萋芳草涌腾着青春蓬勃的活力,繁茂树木有了硕果累累的收获。啁啾的鸟儿翱翔蓝天划出优雅的痕迹,低语的鱼儿牵动绿水舞出曼妙的飘逸。披着蓝色水衣的独特地球洋溢着独一无二的珍贵之水,孕育了生命的精彩,延续了生命的不息。怀着感恩之心的人们,保存着生活里的人和物,聆听人生幸福与苦难交织的进行曲。那点点滴滴的感恩之情汇成一片深海,结冰的目光融化成水一样清澈柔和。感恩的旋律飘扬在洋溢的水里,敲击音符。

感恩地的朴实

灰黄的土地坚实硬朗地覆盖脚下,默默无语地培育着一亩亩的庄稼成熟丰收,花草树丛呈现一片欣欣向荣的景象。一粒粒生命的种子落入宽广肥沃的土地,慢慢裂开生根抓牢土壤潜藏着绿树荫浓的希望。从地里迸发萌芽,汲取大地提供的养料,茁壮顽强地生长。随着时间的流逝,土地上一片树高林密的苍松绿波翻涌蔽天。许多土地如烈火蔓延田畴般裹上了水泥砖瓦的外衣,成了一段段灰色坚硬的水泥地,筑上了高楼大厦的森林,承载着一幢幢装满人们工作、学习、生活、休息的房屋,稳固地与水泥地构成一体,长在一起。道路上不同车辆驶过的车轮,各地的人们踏过大大小小深深浅浅的足迹。行走或奔跑,一步一步"嗒嗒"地踩在地上,心里充满踏实安全的感觉。它像朴实无华、颜色暗沉的画卷,绘下了我们成长时光每迈开的一步,每走过的一段旅程,那些印着我们曾走下的细微的痕迹深埋在它的心底。或许它会感慨,会哀叹,会喜悦,会凄然,但这一切陷入了悄无声息的沉寂,在悠久长远的静默中掩埋了。从土地里奔涌出的红花绿树青草,唱着感恩的歌,鲜艳清脆了光秃秃的大地,把大地装扮成绚丽多彩的油画。感恩的旋律飘扬在朴实的地里,吟唱曲调。

听,光在静静地谱写感恩的乐章;听,天在轻轻地拨弹感恩的琴弦;听,水在微微地敲击感恩的音符;听,地在低低地吟唱感恩的曲调;听,感恩的旋律在飘扬。

指导教师:吴晓瑞

想起你时很温暖

阜阳卫校1185班　朱廷廷

坐在宽敞明亮的教室里,听着班主任讲实习的情况,心想着下学期就要实习了,学费又要那么贵,又不知道能不能去个好实习单位。如果实习不好的话,怎么对得起自己三年的青春和父母的无私奉献。

母亲柔弱的身子是擎起的那把伞,抵挡阳光侵袭的伞——一阵阵温暖流遍全身。于是,我情不自禁地提笔写下了这篇拙劣却心怀感恩的文字。

妈妈,想起你时很温暖!

冬天即将来临,妈妈,你天没亮就匆匆忙忙地起了床,开始为我准备行李,准备新的棉被、床单。床单是妈妈你跑了好多店才买到的,是我最喜欢的那种花色;衣服也是全折叠好放在新买的皮箱里;袜子,鞋子也全都装好了。妈妈,你检查了一遍又一遍,生怕有什么被落下了。还特地为我买了两套保暖衣,说:"冬天冷,一定要多加两件衣服,别总是要风度不要温度,弄得发烧头痛咽痛的,特别是你的手,一定要保护好。"还说什么一想到冬天那么冷,你又不会保护自己心就痛。还做了一罐肉丁花生油辣椒,要我带到学校里吃。

我记得上次在学校的书法比赛中获得二等奖,你把我拙劣的作品裱好贴在书房的墙上,每当你的朋友发出赞美之词时,你都会流露出发自内心的欣慰的微笑。

妈妈,你知道吗?每当我拖着疲惫的身心在课堂上昏昏欲睡时,我都会想起你。于是我的内心便升腾出温暖之感。像一棵小草一样,接受了温暖的阳光,挺起了身躯,振奋了精神,全神贯注地铭记着老师的每一句话。

爸爸,想起你时很温暖!

每当周日要回学校时,你都会为我准备一顿特别丰盛的午餐。饭桌上摆满了美味佳肴,有我爱吃的辣子鸡、糖醋鱼,你还不停地往我的碗里夹菜,碗里堆得满满的,我却吃不了多少。你说:"到学校里可不能减肥,爸爸会按时给你寄生活费,别在生活上省钱。如果不够用的话,先向同学借借,等爸爸给你寄钱了,一定要记得还给别人。"还特别叮嘱我:"和同学好好相处,别闹得不开心,知道吗?""嗯。"我扒着饭回答。

爸爸,即使你工作再忙再累,你都坚持周日上午为我准备好饭,你用那双手把女儿我养得白白胖胖。

爸爸、妈妈,谢谢你们!谢谢你们无声无息为我们的家付出自己的辛苦和汗水,谢谢你们让我知道了什么是伟岸,什么是圣洁,什么是无言的付出,什么是无声中孕育的关爱。

爸爸、妈妈,我知道,我就是你们手中的一只风筝,无论飞多远,飞到哪儿,线的那端永远系在你们手中。无论我多么平凡渺小,永远是你们心中的宝贝!每当遇到什么艰难时,我就会变得坚强,就会努力,因为你们是我心中最明亮的启明灯。

你们这样为了我,希望我读书好,以后成为一个有文化、有知识、有才能的人。我不会辜负你们的期望。我一定会好好学习,以优异的成绩报答你们,给你们一个幸福的晚年。

指导教师:李　枫　王素莲

有一种回报叫感恩

阜阳一中东校高二(13)班　陈万肖

　　人生的旅途上,父亲陪我的日子只有七年。但在我幼小的心灵记忆中,却留下非常深刻的画面,清晰到即使在十八年后的今天,父亲的音容仍在脑海之中。我甚至觉得父亲就是我童年的代名词,从他离开我和母亲外出起,我就失去了天真的童年。

　　最早在孩提时代,抑或是在两三岁的记忆里,父亲是我的溜滑梯。他每天完工一进门,就主动伸直双腿,让我一遍又一遍地爬上膝盖,再顺着他的双腿溜到地上。母亲常怪父亲宠坏了我,没有一条西装裤不被磨起毛的。但父亲却一本正经地说,就这么一个宝贝儿子,不宠他又能宠谁呢?我相信这种经历不只我一人曾经拥有过,那种美妙的滋味恐怕也只有亲身经历过才说得出。

　　父亲的怀抱也是我可爱的游乐场,尤其是在寒冷的冬天,他常把我藏在皮袄宽大的两襟之间。我记得很清楚,那里面有着雪白的羊毛,很软,也很暖,特别是他抱着我来回走动的时候,使我有一种居高临下的优越感。我生活中真正有"独子"的感觉,就是在那个时候。

　　父亲宠我,甚至有些溺爱我。他总是专程到街上为我买纯丝的汗衫,说这样才不致伤到我幼嫩的肌肤。在我四五岁时,突然不再生产这种丝质的内衣。当父亲看着我初次穿上棉质的汗衫时,流露出一片心疼的目光,直问我扎不扎?当时我明明觉得非常舒服,却因为他的眼神,故意装作有些不对劲儿的样子。父亲看到我忸怩的身体,也不知如何是好。

小时候父亲跟我是一国,好像我才是真正的一家之主,这当中甚至连母亲都没有容身之地。我们父子俩常去逛街,带回一包又一包的玩具和我最爱吃的零食。并且在离家半里路外就下三轮车,免得母亲说我们铺张浪费,只会享受,不知道生活的艰辛。

夏天傍晚时,父亲会把我抱上脚踏车前面架着的小藤椅上,载我穿过昏黄的暮色和幽静的小树林,到小石桥附近的小河边钓鱼。我们把电灯挂在水滨开满芦花的树杈上,隔些时在附近用网子一捞,就能捕到不少小虾。这些野虾可比市场上卖的虾美味得多,尤其是父亲将龙虾与羊肉骨炒成"小龙女与杨过",我更是享受了常人难以享受到的美味佳肴。我感觉到幸福弥漫在我的周围。

我最爱那月光下鱼儿挣扎出水面的画面,闪闪如同白银变幻成鱼儿,扭转着、拍打着,激起一片水花,仿佛银粟般飞射。

我也爱夜晚的鱼铃。在淡淡芦花的香气中,随着沁凉的晚风,轻轻叩响。那是风吹过长长的钓丝,加上粼粼水波震动所发出的声响,似乎很近,但又像是从遥远的水面传来一般。尤其当我躺在父亲怀里欲睡未睡之际,那悠扬的鱼铃,更像是催眠的摇篮曲。

当然,父亲也是我枕边故事的"说书者",只是我从来不曾听过完整的故事。一方面因为我总是很快地入梦,另一方面由于他的故事就是随手从看过的武侠小说里摘出的片段。也正因此,在我的童年记忆中,对于"东邪西毒"和"神行太保"等,要比白雪公主的印象更深刻,这也让我深深地迷上了电影。

真正的白雪公主是从父亲买的"儿童乐园"里读到的,那时候还不易买到这种香港出版的图画书,但父亲总会想方设法地弄到。特别是当我获得小学一年级演讲比赛一等奖时,他高兴地托人从外地买回一整套书,每页翻开都有许多小人和小动物站起来。虽然这些书被一场洪水冲走了,我却始终记得其中的图画。甚至那涂色的方法,也影响了我初中时期的绘画作品。那时父亲就是我的良师益友。

父亲不擅画,却写得一手好字。他常说"指实掌虚"、"眼观鼻,鼻观心"之类的话,还买了成叠的描红帖子,把着我的小手,一笔一笔地描。直到他离开我,在我闲暇练毛笔字时,都一直觉得有个父亲的身影,站在我的身后默默地注视着我。我睁眼闭眼都想着父亲,是他的父爱,引导着我向前奋斗、拼搏。

父亲,当别人在对自己孩子寄托了厚望的同时给了父爱,而您恰恰相反,您重视的不是我能否一帆风顺地考上好的学校,而是希望我幸福快乐地生活。谢谢您给我的选择是不同于常人的。父亲,谢谢您,让我拥有快乐自由的童年。儿子也相信自己可以书写自己的人生篇章。谢谢您,让我真正地学到了我们这代人应该拥有的东西,对于您来说,这是您的本职,但我却不那么认为,因此对您的这种爱我应当铭记于心。

生活中父母的爱,是支撑我们走下去的顶梁柱,是我们奋进的动力源。

爱是博大的,它能容纳百川,它能削开坚固的巨石;它义如一杯香气四溢的茶,你越细细品味,你也就越能品出它的香味。

爱,没有"删除",也不只是"保存",它更需要每一个人去"复制"，去"粘贴"，只要人人都"粘贴"一次爱，世界将变成美好的人间。

爱纵然是要接受的，但之后就需要我们反过来回报那些施给我们爱的人，这就是感恩。

滴水之恩，当涌泉相报，更何况是父母对我们的养育之恩。我们要学习吃水不忘挖井人的高尚品质。我们要追求垂柳向地、羔羊跪乳的至高境界，我们要让感恩之花绽放在每一个人的心田。

有一种友情是要我们培养的，有一种爱情是要我们发展的，有一种亲情是要我们铭记的。感恩是千言万语道不尽、说不明的，是只可意会不可言传的，是需要亲自去做出一番举动来体验的。它不应该被推迟、被淡忘、被曲解。它要求我们发自内心深处的一声呐喊：爸爸妈妈，您辛苦了！谢谢您给了我关怀、呵护与大爱。

感恩不会被长途的距离阻断，也不会被久远的时间隔裂，它只会融化在彼此的心灵之间。

指导教师：谢 凤

妈,找回美丽吧

阜阳一中东校高二(14)班　陈芸芸

轻轻合上眼,默想着……

你为什么总是那么的无私,把所有都留给我们;你为什么总是那么辛苦,都忘了打扮自己;你为什么总是没有抱怨,默默地咽下那么多泪水;你为什么总不能享受一回,放下家务,安静地坐会。妈妈,我的心头那么多为什么,你何时才肯替女儿回答。

那天查出你有高血压,你知道女儿是如何替你祈愿的吗?我知道高血压引发的病症很多,个个都能要人性命。那几天我天天上网搜索关于这些方面的知识,也了解到了多吃芹菜、蒜等都可以降压。我知道咱娘俩的性格一样,凡事总爱想太多。所以我想尽方法,让你的心放松一点,高血压是可以降下去的,只要有合理的生活方式。我知道你一向最信我了,这次也不例外。

最近学习紧了,所以也没给你打过电话,总想着周末就回去了,也没必要再去浪费些什么。但我错了,我不该为了那几毛钱,让你多了太多的想念。不时地,我耳边总会响起那句:"儿行千里母担忧,母行千里儿不愁。"我是否该说自己不孝呢,虽然你总是在外人面前夸我,说我懂事、孝顺、知道心疼你了。但我又真的做到几条呢？上次回家，你洗过头，满头的水顺着脖子往下淌。当时我并无察觉，帮你吹头时才发现你的头发竟那么少了，进了卫生间，发现了满盆的头发……

妈，你可曾知道女儿当时的心情吗？似有万箭刺痛我，让我忘了如何开口，如何呼吸。眼中的泪水在盘旋，但我不能让你看见，那该是怎样的一种心酸。我深吸一口气，又面带笑意地帮你吹干头发。望着你那日益稀少的发丝，我的心只能抽搐。凝望镜中的你，已不再是那个皮肤光滑、瞳孔明亮的美丽妈妈了。你把所有都给了我和弟，却不曾想过自己。妈，你知道吗？女儿有千言万语想向你倾诉，却不知该如何开口。

人家都说前世修了五百年，才换来今世的一次回眸。更何况我们还是母女，那该是怎样的一种缘分啊。

妈，你知道吗？女儿最近总睡不着，每天反反复复地想着家，想着家中的你们。人们都说人在生病的时候是最想家的。好像这话说得一点都不假，即使生病了也不敢告诉你们，因为你们要是知道我病了，一定会过来。那么深的夜，纵使女儿再想你们，也不敢让你们来啊。妈，这些天你睡得好吗？听说睡眠是最好的美容药，睡好了精神也就足了，人自然就年轻了。你那深深的眼窝里总是藏着无尽的劳累，看着你那浓浓的黑眼圈，又叫我如何睡得好呢？

你总说姥姥年轻时最操劳了，那时候日子苦，靠卖点菜生活。有时候半夜你醒后却仍能看见她不停地劳作，暗黄的灯光照在她那愈显苍老的脸上，而你却只能站在角落里，默默地看着。妈，你又何曾想过如今的你正像姥姥一样，不停地忙碌，忘了时间。此时的我正如当年的你，静静地看着这一切。我多想再大一点，再大一点，用双手担起这个家。然而我又想再小一点，再小一点，这样我就能永远在你们身边。爸爸时常说:"这小孩啊,在中学的时候和父母天天见面;高中了就一周见一次;到了大学也就一年见一次;等到大学毕业,不知道几年才见一回。"那种心酸,女儿又何尝不懂呢?

　　妈,女儿有满肚的话语,总想一下子喷涌出来。但我不能,只能将这满肚的真情,化作一行行无用的文字,诉写着我无尽的思念与祝福。

　　生活有苦有酸,才觉得幸福那么珍贵。妈,放下疲惫的一切,安心养病吧,女儿永远会在你的身旁,看你健康美丽的笑容。

指导教师:祝玉宝

大河的女儿

阜阳一中东校高二(10)班　丁一凡

她一直觉得,自己是大河孕育的。

她的祖辈,一直在乌篷船中过活。父亲、祖父,或追溯到更长更久的时光。

她记得小时候,乌篷船被盖上厚厚的油布,船内,她侧躺在麦垛堆积出的尚称得上是床的平面上,船外浮荡着朦胧的水雾,远远近近的雨点是夏日夜间的常客,她习惯了这种声音,如"嗵、嗵、嗵、嗵"不断的乱鼓点,她从声音中听到了时间的脚步,而父亲头上根根黑发,就这样溜走了。

在她微薄的仅剩雨点打击水面的童年,只有父亲半夜曳船而归的流水声。在家里两只之一的乌篷船中,等待着另一只的归来,然后相依相存。日日夜夜地守着那只船的归来,然后默默猜想他被淋湿的灰白头发,跟随着声音想象他将一篓篓鱼收拾稳妥后,蹬着沾满泥水的雨靴向船内的草垛走去,然后传来阵阵鼾声。

她一直觉得,自己的一切都属于河流。

她的青春花季,上街买衣寥寥可数。

回忆停在十几岁新年前夕,河上了冻,父亲无奈得大手一挥,长久不发声的嘶哑嗓音在乌篷船边回响着:"小妮儿,爹领你上街买衣裳!"她听到了,少女的爱美之心在向河岸飞奔的身影中体现,她欢快地在父亲身边跳啊蹦啊。

镇上商铺林立,她手拉着父亲的衣角,羞怯而兴奋地左顾右看。

他们最终敲定的,是件碎花的小布衫——价格最便宜。但当看到他那紧捏着几张零钱,缓缓伸向售货员时颤抖的手,她有些想大声地喊不买了,可最终没有。

回船的路上,父亲一直走在她后面,紧盯着她拎着的装了衣服的袋子,他笑着说:"刚买的衣服,嘿,别给人摸了去!"

回首时,她发现她离不开那条河。

应该说运气很好——跟着绣纺店学的手艺竟无意成就了名设计师。

当她三年前,以一组名为"河的呼唤"的时装一炮而红,来到上海时,她已由渔家女变为千金难求的顶尖服装设计师。

此时的她,学会了将奢华至极的施华洛世奇水晶一粒一粒地镶在她曳地的长裙上,把 DENIM 布做成各种样式的休闲装,把貂皮拼接在腰间……她将衣服本质的保暖遮体扩展至更大的领域时,她总会想到,那件"不登大雅之堂"的碎花布衫……

父亲一辈子都在船上,河上,天作被,河作床。他说:"船才是真正懂他的人!"

她听了心酸。

某一日,她突然想到自己的不孝,诱因是父亲的蓝白色工装,那是他穿了半辈子的衣裳,春夏秋冬从未离身。然后可悲地比对了自己手中价值连城的礼服……很像黑色幽默,设计师的父亲却沦落到一身旧工装。于是越想越心慌。

她日以继夜地剪裁、合线、成衣……数件"工装"出世了,定了车票,消失于上海。

已经出去三年了啊!这儿还是依旧,镇上的低劣衣服高高挂起,她笑着走过,向大河走去,流水仍缓行着,两只熟悉的乌篷船靠在河岸。

"爸!"她喊着,然后看到由船舱向外伸出的父亲的头。他的白头发又多了,他笑着看她,脸皱成了雏菊:"妮儿回来啦!"

她应着:"嗯,回来了!"

递上那些"工装","试试!"

"试试?呵,试试呗!"接过衣服,他褶皱的大手慢慢拍着装衣服的透明袋。

"要好多钱吧?"他问,"要学着过日子的!以后好买房子,过日子!"

"嘿……"他听了,憨厚地笑了下,"妮儿有出息,有出息唉!"

在她的期待下换了新衣,蓝墨的纯棉布在风的吹动下一晃一晃的。

微抬起头,他有些羞涩地站在她面前,手局促地支在裤缝上,说:"好看不?"

"好看!"

"嘿……"他又笑了起来,黝黑的皮肤和白色的牙齿在她眼中变成了黑土和白浪。父亲一辈子都离不开河!

她顺手拾起旧工装,做势要向河里抛,却被他制止住了。他接过它,"这衣裳我早就不想要了!扔了可惜,铺床吧!好,铺床……"话说完偷偷抬头看她一眼。

她被逗乐了,却又一脸严肃地拉过旧工装:"这衣服我要了!要铺床拿新的铺去!"说完笑了,斜睇他一眼,"你的心思我还不明白?"

他无措地挠挠头,动作像个孩子。

多年之后,她还是要回到河里。

他走的那天,雨点打击着湖面,绘出夜半归船的画卷。她为他送行,脸上不知是泪水还是雨水。

半百之年,她退出设计界,守着一屋、一船、一河。回想到以前,深感做得最对的一件事就是为他做了数件工装。

河水平静地流淌着,她有些错过,有些得到,有些感恩,也有些回报。

"妈,我带了你爱吃的莲子粥!"

不远处,女儿领着女婿回家,她望着椅背上搭着的蓝白旧工装,笑得很开心。

指导教师:吴苗苗

——感恩教育征文选

生活教会了我

阜阳一中东校高二(10)班　沈忠全

　　我曾试用一些华丽的词藻或一个美而酷炫的作文题目,但是,我知道我不能。因为感恩来源于生活便应回归于生活。生活系于平凡,在平凡中流露出人性最为光辉和美的一面而不需任何装饰。

　　生活很简单,感恩其实更加简单。它会很微小,却从不卑微。微小酝酿奇迹,它可以默默无声,却胜过大声呼喊,无声地倾诉挚爱;它拥有骄傲,但不曾傲慢,骄傲诠释一切。总之,它会在生活的某个拐角处不经意地牵动着你的心。

　　人生是一个亘古不变的话题,面对它我们有太多感慨与无奈。时间不会单独赋予某人什么,它很公平,常常以为在这个世俗冷漠、人情淡薄的社会中,大家都会漠不关心。也许大家都想把自己的心隐藏起来,为的是避免上当,避免受伤。毕竟生活过于现实,然而经历汶川的地震后,我不得不重新审视我所认为的生活。当大家纷纷奉献自己的力量,当献血与献钱悄悄进行时,当那些原本就处在社会底层的人们东奔西走奉献力量时,我想凡是目睹这些的人都会被震撼,原来人与人之间都不曾忘记,每一个人都会在心中腾出一个位置留给陌生的"他们"。是的,汶川不哭,它会重新站起,并唤醒沉睡中的中国,唤醒一颗颗冰封的中国心,然后带着大家的期望走向世界。让世人知道我们的心连在一起的时候,我落泪了,感恩就是这样常给予你莫名的感动。

润物细无声,在生活中我们不可能终而所有,然而那点滴的爱却能滴滴流入心田。

我只是一名学生,我知道我的使命就是学习,我不知道如何确定人生,怎样规划未来,我只想用自己的声音活出自我。然而当稚气褪去,生命焕发它应有的光芒时,也为我照进了一些默默无声的他们。他们就这样走进我的生活,从小就身体不好,与其说我在学习倒不如讲我是在消磨时光。这样的生活一直到我初二时发生了改变,班主任是一个老态龙钟的老头,包括我在内的大家都不喜欢他。和其他独生子女一样,我也有许多坏习惯,经常被他批评并"请"进办公室,所以我恨他,常在背后骂他。那天,我因病休学去学校拿东西遇见了他,他拿出了一个小册子,上面写着我的不良习惯,其中有已经改过和没有改过的。那一刻,我看到了他眼中的无奈,看着他已被岁月染白的发丝,突然发现原来他那么可爱,但又那么瘦小。他的付出为了什么？又有多少人能理解？带着沉甸甸的感动我走回家。

试问那些曾经反感老师的同学们,我们有什么理由再去伤害一个爱我们的人。此刻我只想大声地喊一声:老师,我爱你们！这虽不算什么,也不能回报什么,但拥有对他们的感恩就是我们用来回报他们的最好方式。只有亲身经历的才是化不开的情,感恩就是这样需要你亲身品味个中滋味。

亲爱的朋友们,现在,已不需要我再阐述主题了吧！我用自己的感受告诉大家:人之所以为人,不单单是因为人有思想,重要的是人比其他生物更懂得感恩。唯有心存感恩，方可为人。

　　亲爱的朋友们，就让我们从此刻起给父母的行为一个肯定，给老师的微笑一个真诚的回应，给身边的人们一颗温暖的心。让我们彼此心存感恩，让感恩诠释生命的意义，让生命的光环从此光彩夺目。

指导教师：吴苗苗

感恩,一路阳光明媚

阜阳一中东校 2008 级 7 班　王海侠

在母亲的眼里,我们总是个孩子,总被给予许多关怀,许多爱。在老师的眼里,我们总是小大人,于是总被提醒着,该做什么和不该做什么。渐渐地我们都长大了,长大了,我们不仅学到了知识,也懂得感恩了。

一路走来,风雨兼程。每一次跌倒,总有父母的鼓励和安慰;每一次失足,总有朋友、老师的关怀和帮助。于是我们小小年纪却无所畏惧,就像田野上的南瓜秧,在自己蔓延的路上大口大口地吐着芬芳,我们也在自己跨过的每一个台阶上为梦想耕耘着。

往事如流水,年龄的增长带来性格的变化。生活中,我开始了与父母争吵、顶嘴。

第一次远行的一天,我和妈妈吵翻了。我指着她大声地叫着:"我不想再看见你了!"然后把自己锁进房间大哭起来……

第二天清晨,我在睡梦中模糊地听到父母的对话。

"去送送她,她这一去要 个月呢。"这是爸爸的声音。

"不去!你没听她昨天说的,还有没有良心?我把她养那么大……"妈妈的声音有些哽咽。

我一蒙被子。心想,不去就不去,有什么了不起……

火车站的人很多。爸爸很艰难地把我的行李扛上车,然后在站台的人堆里对我吩咐些琐碎的事。车慢慢启动了。站台上的柱子在缓缓地向后移动……那边有个熟悉的身影……好像是……妈妈!她站在站台的柱子边上,呆呆地目送着火车离去……

我的眼睛湿润了。心里的埋怨顷刻间化成了深深的自责。脑海里不断地浮现出妈妈往日间为我操劳的身影。妈妈永远是妈妈,永远是世界上最爱我的人。

也还依稀记得,一次我因上课走了神,没怎么注意听课,老师刚教的知识都没掌握。课后我去问老师,老师给我讲解时,她似乎察觉,我课上没注意听。她的眼睛里流露着难以形容的心情。不知是责备,还是伤心。在把我教会后,老师告诉我要用心学。她的话让我很感动,让我对自己的一无所知而感到羞愧。我从没有见到过谁会这么认真地去关心一个与自己毫无亲缘关系的孩子。而她却做到了。她会在我们成绩考不上去时,焦急万分;她会在被我们粗鲁的话语顶撞后,擦去委屈的泪水,依然认真地教我们。

她就是我的老师,世界上最好的老师。

一路上,我们长大了。对国家、对社会有用了。不再是那稚气未脱的孩子,不再是那冲动武断的小青年,更不再是那遇事就紧张的胆小鬼了。但当我回头看看,却发现父母的脸不再光润了,老师的手也在微微颤抖了。于是我们的心渐渐被泪水浸透了。我想,他们把青春化作浓浓的关怀,给我们的总是最好的一面,他们的辛苦,我们不知道。他们每一次为我们的错误而心痛时,我们又了解多少。于是我们听话了,不再那么顽皮了。懂得感恩了,也懂得把感恩表现在点点滴滴的行动上了……

或许生活就是这样。从一开始来到世界上的时候,我们就注定被阳光照耀着,但我们总该明白,每一种关怀都不是理所当然的,我们理所当然要感恩那些给我们关怀的人。一路上阳光明媚,我们总该感恩那些躲在阳光背后的人。

指导教师:祝玉宝

——感恩教育征文选

感恩的路

阜阳一中东校高二(3)班　高静雅

一

感恩的路还没有开始行走,我已经开始茫然了。手托腮,我寻思着天空,是否会给我一声回应。

夏日的夜空是那么明净与安详,只听得见几只辛勤的知了在叫。

二

"妈妈,我的凉鞋呢?"刚从浴室里出来的我不耐烦地向厨房里呼喊,光着两只脚丫在地上乱跺了起来,仿佛大地的震动会使焦躁传达得更快一些。声音那头妈妈一边刷碗一边提高了嗓门:"我放在沙发旁了。"随即又传来了两声咳嗽声夹杂着碗盘碰撞的声音。

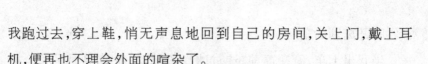

我跑过去,穿上鞋,悄无声息地回到自己的房间,关上门,戴上耳机,便再也不理会外面的喧杂了。

明知道妈妈有咽炎和胃病,明知道她做完家务的疲惫的身体是多么渴望我的一声问候或一阵按摩。但也许一向朴素的她从不敢大胆地奢求这些,因为十五年里,从未破天荒地实现过。而疯狂迷恋偶像剧和帅男超女的我,也绝不会为了这等"琐事"来耽误我的"宝贵时间"。

三

"快到十二点了,爸爸怎么还不回来?不是在电话里说好中午给我做好吃的吗?"焦急和抱怨充斥着我的脑海。一阵沉重的脚步声向我汇报了他的消息,老爸回来了。

跑下楼,闯入眼帘的是我往日最熟悉而此刻又是那么陌生的父亲。满身泥巴的他在太阳照射下竟滑稽得像个小丑,蓬乱的头发在微风中张牙舞爪,原本就黑黑的面孔,此时显得更不干净了。乍一看到我,他便慌张了起来,匆忙去洗手换衣,还没等我反应过来,那双散发着刺鼻的香皂味的手已经伸向了厨房。想到片刻之后便有丰盛的食物,我便似饿坏了的幼狼看到猎物一般兴奋。

啊!终于好了。爸爸一一摆上桌的有香喷喷的米饭、我最爱喝的鸡汤,还有他最拿手的红烧排骨和清蒸鱼。此时我已迫不及待地动起了手,不再顾虑老爸教我的规矩了。而他也是一反常态,欣慰地劝我慢慢吃。我想大概这就是两个月的分离换来的短暂的再次相聚吧!然而它的背后却隐藏着多大的分离的危机,只等石英钟叩开离别的车门。

当我坐上车,倚在窗前,透过冰冷的玻璃,看着他那写满沧桑的脸渐远,才猛然想起忘记让他少抽烟;天冷了,提醒他外出多穿衣;生病了,再也不能硬撑着了;烈日下,干活别那么拼命……我深知这些话对固执的他不起任何作用,因此我就索性给忘了。

四

奶奶孤身一人住在楼下。天气晴好时,你总能看到一位年迈的老太太安详地坐在阳光下,她总是抬头望着远方,享受这久违的温暖,一刻也不愿错过。爷爷去世十几年来,她含辛茹苦独自一人把四儿一女都拉扯到成家立业。任我怎么努力,在时间覆盖下,记忆的旮旯,再也找不到任何有关她的回忆。任凭无情的时间在她那不再年轻的脸上刻下痕迹,我却丝毫看不出她对生活的抱怨。洋溢着幸福的脸上,干涸的眼神中始终跳跃着快乐的音符。

每每回到家,最忙的总是腿脚不利索的她。她总是拉着我进入她那光线暗淡的屋里,从柜子里的某个角落变戏法般翻出藏了两三个月的好吃的给我,内心的激动使她双手在颤抖。那可都是远在他乡的大伯从外地特意给她买的啊!

尽管知道我吃过了,但她总是执意把一碗热腾腾的饭端到楼上,直到看到我吃下,她才满意地端着空空的碗下楼。那不高的二十几层阶梯在她长有骨刺的双腿下却显得那么漫长。

我知道她只是简单地想让我们多看看她,多陪她说说话,她只是单纯地想以后,我们的回忆中存在她哪怕是一闪即逝的背影。

春节期间,家里远客很多,我被迫要与奶奶睡。她高兴地合不拢嘴,硬是把柜子里崭新的棉被抱了出来。看着她缓缓移动的身体,我才意识到昔日强健的奶奶已经老了。晚上,睡在床上,她一直努力寻找话题和我说话。但隔了几十年光景,有的只是不知重复了多少遍的往事。夜深了,她把被子几乎全都盖在我的身上,并用她长满老茧的手搓我冰凉的脚。那一夜,是那么温暖!

五

　　曾觉得感恩太远,征途太长。犹如在雾中看花,水中望月,如此飘渺。可是,直到有一天,蓦然回首,才发现自己错过了太多次感恩的机会。

　　"感恩"一词,凝聚了太多智慧,涵盖了日月精华。渺小的我们只能望洋兴叹。聪明的人啊!如果把镜头锁定在日常生活中,每个细节都在记录着我们感恩之路的轨迹。

　　爸妈因工作烦恼,送上一杯清香的茶,也留给他们一盏茶的悠然,给紧张的脑细胞一个栖息的场所,纵然有再多的心酸顷刻间也就烟消云散了。

　　无疑,更需我们投放关心的是爷爷奶奶,我们完全有能力用青春的活力来填补他们内心的空虚与孤独。甚至云淡风轻的一句问候在他们心中再也不会随风飘散。

　　将一缕缕感恩放飞在碧海蓝天,让所有真实的行动植入生活的点点滴滴。

　　用心去生活,用心去感恩。承诺见证我们的心志,行动传递我们的爱心。

　　天空确实有了回应,不需思量,只需知道,许下承诺,我们要打包,一直携带。

指导教师:谢　凤

感恩让生活更美好

阜阳一中东校高一(3)班 程 伟

如果生命是火焰,那么感恩就是激情的燃烧;

如果生命是翅膀,那么感恩就是壮美的飞翔;

如果生命是河流,那么感恩就是热烈的奔腾。

大千世界,芸芸众生。生活有了感恩,就像光秃秃的山上有了花草的点缀,多了一份灵动的色彩;生活有了感恩,就像黑暗的天空有了月光的装扮,多了一抹可爱的银灰;生活有了感恩,就像冰冷的大地有了太阳的照耀,多了一丝动人的温暖。

感恩,是你让和平的温暖抚去战争的阴冷,带来了欢声笑语;是你让徘徊彷徨的心灵顿时豁然开朗,从此更加坚韧刚强;是你让彼此陌生的面孔不再猜疑,进而变得亲密起来。"乌鸟私情,愿乞终养",这是鸟儿的感恩;"落红不是无情物,化作春泥更护花",这是花儿的感恩;"士为知己者死,女为悦己者容",这是世人的感恩。正是有了感恩,生活才多了一份和谐,少了一些争吵,岁月的幸福之花才会在感恩之泉的浇灌下灿烂绽放。

感恩生活,就是感恩我们最亲爱的人——父母。俗话说得好:可怜天下父母心。父母含辛茹苦地抚养我们长大,的确十分不易。

当我们生病时,是妈妈那温暖的双手给我们敷毛巾;当我们上学时,是爸爸那坚实的双肩把我们送进学校。开心时,有父母与我们分享欢乐;悲伤时,有父母与我们共御磨难。曾子杀猪教子,孟母为儿三迁,这是古人对孩子深沉的爱;"宝贝,如果你还活着,你要永远记住我爱你",这是地震中那坚强母亲的感人的爱!乌鸦反哺,羔羊跪乳。感恩父母可以让我们的灵魂得到净化,可以让我们知道如何去爱他人,爱社会!

感恩生活,就是感恩我们最尊敬的人——老师。"师者,所以传道授业解惑也"。在我们的人生旅途中,是老师给我们指引正确的方向,教我们如何做人。课堂上,老师认认真真为我们讲解知识,不厌其烦;夜幕中,老师兢兢业业地为我们批改作业,无怨无悔。三尺讲台是他们的前沿阵地,七尺黑板是他们的战斗沙场,手中的粉笔便是他们的坚兵利器。为了教育的进步、祖国的发展、文明的传承,多少老师默默无闻地工作着,奉献着。曾记得,胡鸿烈、钟期荣两位老人为了树人教学而散尽家产一生奔波;地震中,谭千秋老师用双臂为了孩子们撑起了明天的希望;风雨中,有李灵老师那炽热的心灵在呵护着农村留守儿童的成长。"春蚕到死丝方尽,蜡炬成灰泪始干"。这掷地有声的铿锵之音正是对老师们无限的感激和赞美。感恩老师,你会更热爱老师,你会在寻梦的征途中更加奋发向上,拥有源源不断的前进力量。

感恩生活,就是要感激我们最亲密的人——朋友。十年寒窗,是朋友陪伴我们度过那段青春岁月。多少个日日夜夜的真诚相伴,多少句体贴温暖的真心相告,多少次抚慰伤悲的真情相拥。是朋友,可以倾听我们心底最强烈的呐喊,可以提供给我们心底最需要的帮助。是朋友,为我们两肋插刀,也笑容依然。我们知道虎年春晚不仅再现了苏有朋、吴奇隆、陈志朋那帅气迷人的青春英姿,更引起了一代人对那个时代关于友谊的美好回忆。感恩朋友,你会在友谊之海中享受遨游的快乐;感恩朋友,你会在友谊之树下享受风吹的悠然;感恩朋友,你会在栽满友谊之花的世界中享受无尽的芬芳。朋友是每个人不可或缺的依靠,当世界关注你飞得高不高、飞得快不快乐时,朋友关注的只是你飞得苦不苦、飞得累不累。路一走就累,酒一喝就醉,歌一唱就痛,只有朋友最可贵。

感恩生活,就是感恩我们的大自然。大自然是人类的超级市场,它给了我们煤和石油,它给了我们光和空气,它给了我们水和土壤。正是这些,才让我们有了可爱的家园。大自然不仅是我们物质的提供地,而且是我们情感的栖息地。面对泰山,杜甫写下"会当凌绝顶,一览众山小",抒发了诗人不怕困难俯视一切的雄心壮志;漫步西湖,白居易喜吟"最爱湖东行不足,绿杨阴里白沙堤",留下了对西湖美景的留恋之情;搏击长江,毛泽东挥笔写下"不管风吹浪打,胜似闲庭信步",展示了无产阶级战士搏击风浪的伟大气魄和襟怀。正是折服于大自然的鬼斧神工,千变万化,才使得这些文人雅客倍感亲切,留下了脍炙人口的美文华章。佛说:"一花一世界,一沙一乾坤。"是啊!大自然是神秀的,是丰富的,她就像一位慈祥的母亲一样诠释着她的神秘,她的伟美。感恩自然,你会从平凡的大自然中获得人生的启迪,感悟生命的真谛。

诗意而快乐地居住在这欣欣向荣的国度里,我说感恩是一片叶,一叶知秋;感恩是一杯水,杯水沧海。

亲爱的朋友们,学会感恩生活吧!学会感恩生活中的每一人、每朵花、每缕阳光,从中你不仅可以读懂人生,通晓岁月,而且,你会变得快乐起来,睿智起来。

感恩永存,我心永恒,世界也会因感恩而变成美好人间。

让我们共同期待着那充满感恩的生活,那弥漫爱意的世界。

让我们共同畅想那里山清水秀,那里鸟语花香。

感恩生活,聆听静美,诗意诗居。

指导教师:穆黎黎

感恩心上流

阜阳一中东校高二(5)班 张 玮

感恩倾一生,心灵展才情。

——题记

感恩是心灵的花朵,绽放美丽,舒展多姿;感恩是心灵的小诗,清新流畅,意蕴深长;感恩是心灵的乐曲,旋律和谐,婉转悠扬。但感恩更是奉献的源泉,流淌在爱的心田。

时光掩不住爱的心灵,世间唱不尽感恩的颂歌。

感恩心上流,流淌的是传承文化的热忱。"天不生仲尼,万古长如夜"。精辟语录浓缩了他的一生思想,平凡言行成就了他万世楷模。因有他的不朽言论,九州四海而一统,寰球世界而和谐。他是中华文化的先驱,用感恩灿烂了华夏文明,用感恩博大了传统文化,用感恩留给子孙后代一条光明的文化大道。他,高山仰止,景行行止。

感恩心上流,流淌的是舞者在笔尖上的寂寞。一身青袍衬出他的颀长傲骨,嘴角的烟斗,悠悠冒出的丝丝缕缕,吐露了一个漫长的拯救,一段思想的斗争,一幕世态炎凉的心酸。他舞在笔尖的利刃上,直指封建势力,封喉《呐喊》,唤醒了愚昧的生灵,控诉了黑暗的世界。他用感恩细细品味着生命,叹出了寂寞的悲凉。他,让沉默不再是沉默。

因为爱着民族,爱着国家,他们倾奉一生的贡献赋予了感恩另一种含义。这些大爱缓缓流动的凝聚了的河,此时正在倒映着人世间的脉脉真情,影射了平凡人生的不平凡的感恩。

感恩心上流,流淌的是回馈母爱的温暖谎言。"谁言寸草心,报得三春晖?"追问了千年,母爱的定义有很多种,但这一种回答,慰藉了天下所有的母亲。他是感动中国的孝子典范:田世国。在病危的母亲面前,他精心设计了一个"骗局",用自己生命的一部分回馈母亲,只为延续母亲脆弱的生命。孝子的真诚坚如磐石,温暖的谎言感动人间。

感恩是心灵的太阳,给人们带来无尽的温暖;感恩是心灵的发动机,给人们带来无穷的力量;感恩是心灵的美酒,给人们带来醉人的芳香。生活中的感恩是心灵的种子,开出爱的花朵。拥有感恩,便拥有了天真无邪的品格;拥有感恩,便会忘记生活中的繁琐;拥有感恩,便懂得了如何面对生活,享受生活。

伏案沉思,梳理被滋润了的心田,蓦然了悟:感恩无垠。

感恩心上流,请用感恩的源泉为你的心田注入一股清泉,净化心灵,升华人生。

指导教师:王秀娟

感念师恩

阜阳一中东校高二(8)班　王俊俊

　　从呱呱落地到呀呀学语，从呀呀学语到蹒跚起步，从蹒跚起步到健步如飞，从健步如飞到如今的意气奋发。漫长的成长之路，十八年来，时光虽匆匆而逝，但岁月一如既往地考验着，一回又一回地将他推向那生命的浪口，艰难的考验造就了一张又一张刚毅而又阳光灿烂的面庞。

　　十八年来的人生之路，虽然苦难和我们亦步亦趋，但快乐同样与我们相伴而行。

　　十八年来人生之路上，我们哭过，笑过，我们有身处巅峰时的灿烂笑容，亦有身处困境时的迷茫。但每次在关键时刻，他们都伸出救世主般的大手，将我们从虚幻中拉回现实，从黑暗中拉向光明。

　　十八年来，他们的身影伴随在我们左右，却又隐藏在我们身后。

　　十八年来，他们与我们携手共度，不求回报。点点滴滴，凝结成一条宁静安详的小溪。他们却如陌生的过客一般，面对我们，只是轻轻地挥一挥手，不带走一片云彩。

他们——父母,亲人,朋友,老师……

而今天,长大了的我们,成熟了的我们,是感恩的时候了。

感念父母,是他们给予我们生命,是他们教育我们成长,是他们宽广的胸怀包容着我们的一切;

感念亲人,是他们在我们失落时给我们庇护,给我们希望,重燃我们追求梦想之火;

感念朋友,是他们在我们只身在外时伸出友谊之手,是他们在我们遇到困难时和我们并肩作战;

感念……

而同样,我们要特别感谢辛勤工作的园丁,特别感谢我们的老师,在我们扬帆远航时:

如果说父母是我们的护航者,那老师就是为我们导航的罗盘;

如果说朋友是和我们一起出生入死的战友,那么老师就是为我们出谋划策的谋士;

如果说亲人是暴风雨中安静的港湾,那么老师就是黑暗中最闪亮的灯塔。

感念师恩,他们为我们成长的道路上画出最闪耀的一笔;

感念师恩,他们为处于彷徨中的我们指明前进的方向;

感念师恩,他们为我们的梦想插上一双腾飞的翅膀;

感念师恩,因为有他们,我们更精彩!

指导教师:张佰科

感谢，让我遇见你

阜阳一中东校高二年级　冷　宁

你苍白的脸上满是疲惫，伸出手抚摸我皱巴巴的脸，眼里都是幸福的笑。而我只是理直气壮地哭，完全不理会身边为我与这个世界相见而刚刚经历了巨大伤痛的人。

三岁，你看着哭闹的我满是无奈，终于还是拿出准备用来打面的钱，为我换来和邻家孩子手里一样的饼干。我把饼干递到你的嘴边：妈妈你吃。听着我含糊的声音，原本流泪的你忽然就笑了起来。

六岁，你牵着我的手走向那个名叫学校的地方。离开时你拍着我的脑袋说：乖乖，要好好听老师话。而我只顾看着人家的新书包委屈地没有理你，完全不懂得你为我缝制书袋时那一针一线里细密的爱与希望。

八岁，班里有个女孩总欺负我，某天回到家时我抱着父亲给我买的新书包哭得昏天暗地。你把书包上蜿蜒的伤口缝上后牵着我的手去学校，一如我第一次上学时的情形。后来我只记得那女孩躲在厕所里不肯出来，你只是隔着墙冲她说了几句话。当然你不知道再后来的某天，一贯凶神恶煞的女生分给我糖果吃时，我对你五体投地地佩服。

十一岁,你与父亲一同去了北京,每次在电话里都是你吸鼻子的声音把我惹哭。麦收时我穿着新衣服,拿着你带回的新奇玩意在同学面前得意洋洋。那时候觉得,你在外面也挺好。

十四岁,有人给我写信,说放学要与我一同回去,我知道他家在我回去的必经之路旁。我迷茫、忐忑。放学时破天荒地和同学结伴回家,低头不肯看从旁边看似无意经过的人。当我把后来的几封信夹进日记本时,刚好翻出五十元钱,还有你认真的有些幼稚的字:"好好照顾自己。"于是我把那些信放进锅底,烧了。这些我从未和你说起过。

十五岁,中考前一晚我一个人在黑夜里,想起你曾说:到初三我就回去陪着你。那时我一个人在县城,住在一间租来的小屋,那一晚我哭到最后沉沉睡着。第二天考语文时,监考老师把睡着了的我喊醒时,眼里的恨铁不成钢我总也忘不了。

十六岁,小小的县城总是出一些令人震惊的事,你终于在听了那些连续不断的传闻后选择留在我身边。你和姥姥说,咱家妮可懂事了,一点都不用我操心!你说完这些的时候看了我一眼,我摆弄着手里的遥控器假装没听到,故意忽略掉你眼里的期盼。

我有预谋的叛逆,我不想当乖小孩。然后某天当我在网吧定好机子转身时,刚好看到了对面张望的身影,却仍是向着电脑走去。回去后桌子上摆着的却是前一天随口提到的红芋饼,它黑乎乎的样子像在提醒我你对煤气的不适应,以及它的确不该是用煤气灶做出来的。我们都沉默着。咬下第一口时,我看见你手上一片刺目的红,不知会不会是在煎我手里的红芋饼时烫伤的。晚上我躺在你旁边,枕着你的胳膊。第二天我偷偷揉着脖子看你在捏胳膊。夜里你醒着的时候我也没睡着。我知道你捏着我的鼻子说："小时候你不枕着我的胳膊都睡不着，可现在你都这么大了。"我假装翻身擦掉眼泪，脖子扭着不舒服，却不愿意挪开。

十八岁，我在书上看到，说现在的孩子早熟，十四岁就开始叛逆。我想起自己十六岁时，叛逆刚发了个小芽，就被你揪出来放在锅里煮烂了。或许那时刚好该是懂事的年龄了。在十八根蜡烛前，我许下最虔诚的愿望，让我带给你们幸福吧。

堂妹在给叔叔的生日贺卡里写上："如果有来生，我愿你们是我的孩子，好让我报答这一世的恩情。"可我在你生日的当天，握着手里之前你交给我的生活费，终究只是找了个借口为你做了一顿饭。

我会照顾好自己，不让你担心。我会和你相亲相爱，等你老了，我会握着你的手陪你看夕阳，听你唠叨着曾经的事。我会把饭碗端到你面前，一勺一勺喂你吃，我会把你的头发梳得服服帖帖，我会在你生日时燃起一根根蜡烛。

你说："我不去看你，你爸去就行了，人家看了我会笑话你的。"你固执地不肯来。你不知道我有多希望挽着你的胳膊在校园穿行，对每一个认识的人介绍：看，这是我妈，我们很像吧！

其实只想让你知道，就像你总为我而骄傲那样，你一直都是我的骄傲。

指导教师：祝玉宝

——感恩教育征文选

读懂感动

阜阳一中东校高一(7)班　冯海红

什么是感动?看到百花齐放,你会笑;看到残花败柳,你会垂泪哭泣,这是感动。看到某人为救别人而牺牲,看到相爱的人经历生离死别,你会泪流满面,这也是感动。"只有懂得感动,才能看见多彩的世界"。正是有了感动,才让我们懂得了感恩。

感动能拯救一个人的灵魂,更能让一个人懂得感恩。发生在美国洛杉矶的一件事,一个歹徒劫持了飞机,飞机被迫着陆,闻讯而来的警察把飞机团团围住。慌乱之中,歹徒顺手抓了一个人作为人质。正在警察与歹徒僵持不下时,人质发出了呻吟,原来人质是一个产妇,大概要生了。这时车上的人和警察都惊慌失措地想:他要做出什么惨不忍睹的事,而歹徒却放下了枪,对着他们说:"我是一名医生,让我来履行自己的职责吧。"当他用沾满鲜血的手接生新生儿时,那是多么的悲壮!他流泪了,是纯洁无瑕的生命让他那罪孽深重的心灵感动了吧。当面带微笑的他被锃亮的手铐铐住时,人们对他不由得肃然起敬,忘了他曾是一个杀人犯,反而以为他是一个神圣的使者。他是否也感到释然,感到前所未有的轻松呢?他的事迹值得我们感动,也值得我们感恩,是他的举动,他的放弃,改变了两个人的命运,没有之前人们想到的那么恐慌,结局却是一幅令人们满意的画卷。

感动是一次心灵的洗礼,更是感恩的体现,感动会让他的灵魂得以超脱,心灵得到安慰,更能让我们读懂感恩存在的价值。

一个独臂的年轻乞丐挨家挨户地乞讨,却没有人愿意施舍,他的心在一次又一次的拒绝中变得冰冷,后来他来到一位老人家面前,老人让他搬走门前的砖堆,然后让他吃了一顿饭,并给了他一点钱。年轻的乞丐热泪盈眶,同时也意识到了自己也能通过劳动养活自己。多年以后,他西装革履地来到老人家,他已经成为一个大企业家——尽管他只有一只手,他深情地说:"当初我以为自己一无是处,人人都蔑视我,只有您,是您让我懂得了自己不是一个废人,虽然我只有一只手,是您造就了我的成功。"他成了企业家,他并没有忘记那个曾经帮助过他的老人。他又来到了那所村庄,找到了那个老人。老人的头发已经全白,原来那个老人无儿无女,于是他把老人接走了。感动,改变了一个人的命运;感恩,也改变了另一个人的人生。

感恩是心灵的震撼,读懂感动,了解感恩;感恩不是过眼云烟,不是转瞬即逝的流星,感动是刻骨铭心的激励,是隽永的情怀……

让我们感恩曾经帮助过我们的人,感恩为我们付出一切辛劳,不图回报的父母……

让感动之花在我们心中盛开,永远美丽。

指导教师:徐 玲

光阴去了,唯有你在

阜阳一中东校高一(11)班　徐芷硕

我不得不承认,岁月有着不动声色的力量。她让我在很长时间里都忘记你,可是流转的时光总是在我们涨落的人生里照亮一段来时的路。

庚寅年正月初十,你在之前对我说,带我去玩。我欢天喜地地接受,同你一起出发。车子一路向北,天极冷,北方的春节浓墨重彩,走亲访友的喜庆让天色都变成橘红。

累了的时候,你带我去附近的大排档吃热腾腾的馄饨和八宝稀饭。浓浓的雾气扑在了我们两个人的脸上,幸福都笑出声音来。

是的,幸福是会笑的。

同年七月,天空像被水洗过般澄澈明净,蓝得耀人眼。云朵如锦缎,直铺到我眼前来,仿佛只要抬起脚便可以拾级而上。

我蹲下身子,将眼泪藏在疯长的草里,日光刺进裸露的皮肤里,那些被我扔在这里的旧时光争先恐后地从每个细胞里跑出来,拼凑成完整的一句话:"分开了,我们都要好好的。"

你走了,很突然,但是也理所当然。可是我该怎么去感谢你呢?

若没有你,我定不会走出阴霾;若没有你,我定不会微笑着面对生活;若没有你,我定不会懂得什么才是纯真的友谊……

现在的你,在谁的身边?

后来的时光,常常恍惚想起成长岁月里遇见的你。你在月光下,银色月光洒在你的半边肩膀上。年少的羞涩,年少的踟蹰,年少因为经历甚少而特别看重单纯的友谊。

只不过,那些温暖的小细节,变成了后来岁月里细细的尘埃,总是在一个不经意的瞬间,趁虚而入,带一点阳光的温度,带一点旧照片的色泽,带一点久远的温柔和淡淡的思念。

那些被我遗落的旧时光,没有经历过的人不会懂。

又或许,你们都懂。

你在的时候,教会了我很多事情。你说过,生命中总会有挫折,那不是尽头,只是提醒你该转弯了。

彼时,我站在路口的时候,却不知该往哪儿走,因为我不知道你会在哪里。

感恩的心,感谢有你,伴我一生,让我有勇气做我自己。

想对你说:"谢谢你!"

岁月走得那样急,再遇见你时,多希望给你一个结实的拥抱。无关友情,不过是给彼此一个岁月的交代罢了。

指导教师:韩福梅

——感恩教育征文选

五年泪水，十年等待

阜阳一中东校高二(14)班　侯旭东

想来今年已是第十个没有爸妈陪伴的"元宵节"了。打开自己的小相册，映入眼帘的依然是爸妈那怜爱的微笑。慈祥的目光如一缕阳光般抚慰着我，温暖着我的心扉。

鞭炮声、烟花声，声声震耳，抬头向屋里望去却又如此的寂静，孤寂感阵阵袭来，我有些不适应又似乎已经适应了。我拿起电话拨了妈妈的手机号，只听见"嘟—嘟—嘟"无人接听，爸妈还在忙于工作啊！

内心的孤寂感越想排解却越强烈。

十年了，我再也不想过这种苦思家人的生活了。然而我该怎么办？我又能怎么办？我上二年级的时候，因为爸爸生意上的亏空，妈妈也不得不外出打工供我们三个孩子读书及还生意亏空所欠的外债。就这样没有爸妈的日子过了十年。在这十年里，和爸妈见面的次数数都能数得过来，更不要说能和他们在一起接触一段日子或享受天伦之乐了，而能和爸妈在一起又是我多么渴望的生活啊！

在这十年里，特别刻骨铭心的事是小学三年级时一个放学后的下雨天。看着同学们个个都被家长接回家,再看看这倾盆大雨,顿时我泪流如雨,我感觉自己狼狈到了极点!顿时我奔向雨里。我心痛,心酸,我在雨中哭嚎、祈祷。希望上天能为我动容,告知远在外地的爸妈我的痛楚和无助。上天真的为我动容,我遇到了正在往家赶的蒋老师。老师一把把我拥入怀里,在老师的怀里我找到了安慰。之后,蒋老师成了我的倾听者。我把自己遇到的所有不顺心的事都写在日记里,我抽噎着读给老师听,老师也已泣不成声。老师这样安慰我:"男儿当自强,即使失败也要豪迈地笑。"我一直心怀感激并坚守着这个信念。

五年级的一次"拔尖考试",老师取消了我的名额让给了其他同学。老师上课已经警告了我两次,说我上课老走神。老师又给了我一次机会,我也曾试图抓住这个机会,可是因为上课老打岔的原因,还是让出了名额。没办法!天太冷了!我穿得这样薄,老师应该看得到啊!此时阵阵寒意从心里而涌出,血液如冻成了冰块。朱老师开始找我谈话,顿时我又泪如泉涌,内心的压抑又得以释放。我又一次被老师拥入怀里。此刻的温暖情感永远地刻在了我的记忆里。我如同掉进了爱的漩涡,血液开始融化,直至沸腾。老师这样安慰我:"男儿有泪不轻弹。"我心存感激并坚守着这个信念支撑至今。

不知什么时候,我开始理解"儿行千里母担忧"的内涵了。我能够想象到身为人父母远离子女欲诉相思苦、无奈人两地的痛楚。

虽然我依然在期待着一家人能够团聚的日子,但我早已没有了泪水。因为在这期间有一种怎样的恩情在支撑着我啊!父母的养育之恩、老师的教育之恩,这些恩情让我感动!

为了这恩情,我来到世上,呱呱坠地看到第一缕阳光就是爸妈怜爱的微笑。成长的日子里，只要有风雨，老师就会无私地抚慰着我。那无私的关爱将伴我一生。纵使这种恩情时过境迁，也会依然纯朴。

爸、妈、老师，感谢你们的一路相伴，我真诚地祝愿你们：身体健康、工作顺利。

指导教师：祝玉宝

花 溪

阜阳一中东校高一(10)班　韩蕾蕾

生活用花朵将阳光写在大地上,温暖而明媚,而我们将这些花朵移植到心灵深处。若想使这些花儿绽放得更灿烂,不仅需要浇水、松土,更需要用"感恩"当肥料来滋养她们。

看!那几朵开得最旺盛的花儿不正是因为吮吸了"感恩"的养分吗?

那朵最明媚的花——自然

你是否曾侧耳于晨风抚过松林,飒飒作响的轻乐?那是林海的呼吸;

你是否曾凝眸于朝阳掠过草地,拾起珠玑的惬然?那是天外的暖意;

你是否曾停驻于蝶翅轻拍花瓣,轻舞飞扬的空灵?那是新生的涌动;

你是否曾倾心于绿叶滴下晨露,折射阳光的晶莹?那是盛夏的生机。

在五光十色的世界中,每一个匆匆赶路的人都会忽略周围的美景,忽略这些自然赐予我们的礼物。其实,有时候做一个磨磨蹭蹭的人,慢慢地游荡在自然中,也是一件很不错的事。那样,我们才能有时间去审视、感恩身边的美好。

感恩那一弯弦月以沉默而睿智的空缺,让孤独者窥视人生的真谛;

感恩那一涓细流以空灵而隽永的渺小,让思想者探究生命的奥秘;

感恩那一片空山以沉稳而清新的寂寥,让归隐者顿悟宇宙的深义……

怀着一颗感恩的心来面对世界,我们就会发现自然其实是妙不可言的。

就如张爱玲所说的:"在明如镜、清如水的秋天里,我应当是快乐的。"

让我们用"感恩"的肥料去滋养自然之花,让她更加明媚!

那朵最温暖的花——亲情

郑渊洁在书中这样写道:直到有一天,父亲老得走不动路了,也会孩子般,轻轻念你的名字。

是的,这世上最无法割舍的便是亲情,最温暖的爱也莫过于父母对我们的爱。在这个世界上,无论谁都可能伤害你,但唯独父母不会。自从我们出生,就成了他们一辈子的责任与牵挂,我们的一

举一动都被他们关注着。

父母亲情其实并不复杂,他们总是在某个不经意的瞬间就流露出心中的关怀。在我们疲惫时的那一杯冒着袅袅热气的牛奶,在我们生病时那抚摸着我们额头的手掌,在我们熟睡时的那一个给我们掖被的动作,这些行为哪一个不包含着父母浓浓的关怀呢?

"世界上的一切光荣与骄傲都来自于父母。"高尔基这么说。是的,没有孟母的为子三迁其居,何来孟子后来的成就?那么对于父母,我们更应像七岁的黄香那般孝顺。

深爱父母,感恩父母,让"亲情"之花开放得更加温暖。

那朵最浓烈的花——社会

"世上总有一些这样的人,他们把自己的痛苦化成诗歌文字,为人们带来幸福,他们埋葬了自己在尘世间的希望,他们却变成了种子,长出鲜花和香膏,为世人医创治伤。"

然而这些人所有灵感的源泉都来自于社会所给予的磨难与痛苦,这些人在这个社会中也依然虽苦犹乐。

当那个枯瘦的老头在茫茫大海上与群鲨搏斗,我们要感恩社会,是她让海明威教会我们什么是勇敢与坚强。

当那个面对汹涌长江叹道"一蓑烟雨任平生"的墨客洒脱地离去,我们要感恩社会,是她让苏子瞻教予我们什么是旷达与豪迈。

当凝望静静的瓦尔登湖的老人融入自然时,我们更要感恩社会让他告诉我们生命是多么的美好……

因为社会,文人骚客们才得以证明他们思想的深刻。虽不赞成社会所造成的海子极端的灵感,却仍对社会心存感恩。是社会让我看到海子那最干净、虔诚的灵魂。我也愿像海子一般从明天起周游世界,也愿把我的幸福传给每个人,也愿面朝大海,春暖花开!

在这个社会中,我们应怀抱感恩之心去铭记我们从社会中看到的那些秦汉兵剑、魏武长缨,还有那太白潇洒、易安花香。用这些来装饰社会,用"感恩"来滋养"社会"之花,让她更加热烈地绽放吧!

感恩如音符,谱写更美的乐章;

感恩如醇酒,释放更浓的气息;

感恩如饰画,装点更完整的人生!

感恩像欢乐一样给生命增加韧性,和欢乐一起流淌在心灵的花溪中。

指导教师:穆黎黎

老师,谢谢您!

阜阳一中东校高一(6)班 刘丽莎

鹰击长空,感谢阳光的召唤;鱼翔浅底,感谢河水的滋养;秋实累累,感谢春天的孕育;花香悠远,感谢清风的承载。

您如微风,轻轻吹走我心头的云翳;您如细雨,慢慢梳理我迷茫的思绪;您如阳光,缓缓解开我冰封的心窗。

记得您初次来到这个班级,银铃般的声音就将我深深吸引。您没有老师该有的严厉,却多了一份与我们相处的和谐;您没有苛刻的眼神,却拥有一双洞察心灵的清澈如水的眸子。您的举手投足间不经意就散发出一种温文尔雅但又孤芳傲世的特殊气质。言语间才情洋溢,让人不得不佩服您的博学多闻。

从此,每节语文课都成了我最开心的时光。

您为我们解读《红楼梦》中神仙似的林妹妹,婀娜多姿的她在您的口中更显气质不凡。原本在我眼中只会哭哭啼啼、耍小姐脾气的林黛玉,在听完您的介绍后立即神采非凡,完美无瑕。

在介绍到苏轼、毛泽东等豪放派诗人时,您指点江山,挥斥方遒,犹如杨家将中的穆桂英,颇有女中豪杰、大将风范。让不谙世事的我们也情不自禁地为他们的凌云壮志、乐观旷达的生活态度和宽广的胸襟而赞叹不已。

当谈到朱自清的《荷塘月色》，在您动情的描述下，我们仿佛就置身在那曲曲折折的月下荷塘边，在轻纱般月色下欣赏着荷塘中弥望的田田的叶子，和叶子中间零星地点缀着的袅娜的荷花，感受着诗人的喜悦与哀愁。

撑着油纸伞，您带我们来到江南寂寥的雨巷，寻找那位丁香一样结着愁怨的姑娘；穿越历史的长河，您让我们了解了屈原、荆轲、刘和珍等一大批爱国志士人性的光辉。"孔雀东南飞，五里一徘徊"，在刘兰芝与焦仲卿的爱情悲剧里，您指点我们看到了人间的冷暖，真爱的力量。

半年多的学习生活中，我在您的引导下，不知不觉中爱上了原本以为枯燥乏味的语文。您精彩绝伦的讲述，为我打开了通往语文世界的大门，让我受益匪浅。

然而，美好的时光总是短暂的。

轻轻地，您走了，正如您轻轻地来。

您挥一挥衣袖，没有带走一片云彩，却给我们留下无言而绵久的感动。

万分的不舍在心中跌宕起伏，但我知道，比起百般的挽留，您更愿意看到我们对语文的热爱和以后的努力。我对您的感激溢于言表，更会珍藏于心，尽管您可能不知道。我只是想在百花齐放的春天成为您的骄傲。

您用朴实的话语，诠释着认知的真谛，铺设着进步的阶梯！在这人生的花季，得到您的教诲，是我一生的幸运。

老师，谢谢您！

指导教师：朱群霞

永存一颗感恩的心

阜阳一中东校高二(14)班　李晴晴

蜜蜂从花中啜蜜,离开时营营地道谢。浮夸的蝴蝶却相信花是应该向它道谢的。

——泰戈尔

古人云:"滴水之恩,当涌泉相报。"感恩是一种生活态度,只有拥有了一颗感恩的心,你才会觉得这个社会这个世界是充满希望、充满爱的。羔羊跪乳、乌鸦反哺,动物界尚且知道感恩,更何况我们作为万物之灵的人类呢?

中央电视台《聊天》节目中曾报道了这样一则新闻:农民陈老汉有三个儿子,只有大儿子小良考上了大学。为了让小良完成学业,年近五十的陈老汉和老伴不得不卖血挣钱,卖出的血能装满两个汽油桶。然而,明知父母艰辛的小良自从读大学后六年没有回过家,整日沉迷于网吧,荒废了学业,直到被学校强制退学。当节目现场陈老汉含泪呼唤时,满座的学子无不为之动容,而作为当事人的小良竟然对央视记者说:"我爸在电视台这么说我,他有病,他是一个残酷无情的人……"

对于小良如此可恨的行为,大多数人的态度和我一样,只有愤怒。常怀感恩之心,我们便会更加感激和怀念那些有恩于我们却不言回报的每一个人,正是因为他们的存在,我们才有了今天的幸福和喜悦;常怀感恩之心,便会以给予别人更多的帮助和鼓励为最大的快乐,便能对落难或者绝处求生的人们爱心融融地伸出援助之手,而且不求回报;常怀感恩之心,对别人对环境就会少一分挑剔,多一分欣赏。学会感恩是培养具有良好思想品德和道德修养的前提。感恩不仅仅是美德,感恩更是一个人之所以为人的基本条件!我敢说,一个不会感恩、不会心怀感恩的人,一定不是一个健全的人!

每次陷入困境,都会有一双手来拉我一把,手多了我也模糊了,只记得人们的脸上都写着无私和博大。

记得在我回家的一个周末,爸爸买来我最喜欢的一种鱼,并炖好鱼汤给我喝。我记得曾在电话中开玩笑似地提过这回事,但没想到爸爸一直记在心里,而且让我在重返学校之前又享受到了那种鱼的味道,喝汤的时候,我的心也和汤一样热腾腾的。

进入高中,我更清楚地明白"感恩"这个词语的意义。每个人的成功都离不开他背后的人的默默的支持、鼓励和关心,离不开亲人和朋友们无穷无尽的爱。时刻怀着感恩的心来生活,我会觉得自己格外幸福。随口而出的一个请求,爸爸却一直铭记在心,在这里我想说,谢谢爸爸。他从来没有要求过我应该考出什么成绩,只是一直地告诉我要注意身体和营养。对于父母而言,孩子健康快乐是他们最大的心愿。所以,我们努力,不仅仅是为自己,更是为了感恩爱护我们的人。英国作家萨克雷说:"生活就是一面镜子,你笑,它也笑;你哭,它也哭。"懂得感恩,生活就会出现美好的阳光;不懂得感恩,生活就会变得乌云密布。感恩能激发我们的勇气,见贤思齐,社会之恩、父母之恩、师长之恩、同学之恩,都真实地存在于我们的身边。因此,我们每个人都应该怀有一颗感恩的心。

感恩,是"化作春泥更护花"的落红落到地面上的声音,是小乌鸦为其年老父母找食而来去匆匆的身影,是翻山越岭的游子对家乡深情的回眸,是蜡烛在临熄灭前那一瞬间的无比瑰丽的跳动……怀有一颗感恩的心,我们才会懂得珍惜和帮助别人,同时获得内心的平和与快乐。

带着感恩的心去观察世界,去体验世界,就会珍爱这美好的世界。心怀感恩,我们受益终生!

指导教师:祝玉宝

请别抛弃大自然

阜阳一中东校高二(1)班 房伟利

听着鸟语,闻着花香,看着绿叶,漫步林间,回归自然。

"不知细叶谁裁出,二月春风似剪刀","暮春三月,江南草长,杂花生树,群莺乱飞",这是春之自然;"小荷才露尖尖角,早有蜻蜓立上头","黄梅时节家家雨,青草池塘处处蛙",这是夏之自然;"落霞与孤鹜齐飞,秋水共长天一色","停车坐看枫林晚,霜叶红于二月花",这是秋之自然;"荷尽已无擎雨盖,菊残犹有傲霜枝","忽如一夜春风来,千树万树梨花开",这是冬之自然。我们穿梭于春夏秋冬,享受在自然之景之中,大自然用它无私的爱和包容,孕育着天地万物。面对自然,仅有一句:"无论何时何地,都请别抛弃大自然。"

从银装素裹的北国风光到诗情画意的岭南小城,从汹涌澎湃的东部沿海到黄沙漫天的西北大漠,一路走来,大自然用她特有的方式,向我们展示着她的千奇百怪,神秘莫测。她用内涵征服了我们,我们内心深处感受到大自然的召唤。她将带领我们走向什么样的世界?

这儿有生一千年、死一千年、死后一千年不朽的胡杨,这儿也

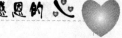

　　有绽放绚丽花朵的沙漠玫瑰,这儿还有戴着铃儿响叮当的骆驼队,胡杨、玫瑰、驼队、旅人,夹杂着边疆的沙尘,在大自然的呵护下,构成一幅凄美、脱俗的自然美景。我想它丝毫不逊色于王维的"大漠孤烟直,长河落日圆"。这幅奇景的存在只因有它们——胡杨林。它们是沙漠的守护者,终生守着那片养它育它的沙漠,这是它们对沙漠的感恩——以它们特有的方式。胡杨林的树叶基本上是披针形或线状枝针形,远远看去,它们低垂着跨世纪的胡须,凝重、静穆,而毫不张扬。它们默默注视着大地和大地上的一切,只因它们和大漠是相亲相爱的一家人。胡杨林是植物界的活化石,活着的死者最悲壮,而死去的生者修成正果。胡杨林是荒漠世界的标志,无形的呼吸飘扬成永远的旗帜。胡杨有着庞大的根系和粗壮的枝干,以它尖锐挺拔的身材担当沙漠万物的保护神,而它却始终低头向着沙漠母亲,它用它的一生来感恩母亲。大漠中的自然之景,你忍心抛弃它吗?

　　自然的脚步从沙漠来到水乡——江南。这里有美人如画,才子如玉,瓦色如墨,流水如歌;也有千里莺啼,水村山郭,杨柳微风,杏花春雨。将脚步放逐于江南的幽深雨巷,让心轻轻承载丁香的惆怅。在此自然美景下,哀愁也变得美丽起来。江南的自然之美,积淀着历久弥新的历史底蕴。柳永的"三秋桂子,十里荷花"曾引得金主完颜亮亲临江南,在饱览江南名胜之后,慨然写下:"万里车书尽混同,江南岂有别疆封? 提兵百万西湖上,立马吴山第一峰。"可见他想统治江南之心。春风十里,珠帘漫卷,也有故垒萧萧,山枕寒流,无边风月,映衬着沧桑之美。有如此美地,难道你不感恩大自然的鬼斧神工,难道你可以抛弃它吗?

　　大自然用它父爱般的刚毅塑造了大漠胡杨,用它母爱般的温柔创造了水乡江南。大自然的美远不止于此,面对大自然的美,我们又该如何做到不抛弃它呢?

常常听到"××地由于森林植被被破坏严重,造成水土流失,此地已由肥沃平地变成沟壑纵横的不毛之地";"由于全球 CO_2 含量急剧上升,造成两极冰川融化,一些动植物濒临灭亡,孩子未出生时,便已是畸形、残疾"。造成这些严重问题的根源是什么?是我们对大自然的不负责任,对大自然的抛弃。

一个大学毕业的农村姑娘,毕业后从了商,靠她的聪明才智,后来成了百万富翁。然而当她一眼看到光秃的小山时,便立即决定买下它。她为它日夜看守,眼看着秃山变绿山,不想山边人们又开始进山砍伐树木,猎杀动物。她不让,他们硬要去,她和他们发生了冲突,受了伤。万般无奈之下,她花钱拉起了两米多高的围墙。她说得很朴素:"既然自然养育了我们,给了我们她的全部,我做的不过是想还大自然一片洁净的天空,就像我要回报我的母亲一样。"一位二十多岁的姑娘用实际行动诠释了感恩的全部意义,实现了不抛弃自然的诺言,她是我们的榜样。

河流是大自然的血液,山川是大自然的骨骼,湿地是大自然的肾脏,雨林是大自然的肺腑,绿地是大自然的皮肤。大自然给了我们她的一切,想得到的不过是:请别抛弃大自然。

走进了大自然,便再也不想走出自然。感恩大自然,请永远别抛弃她!

指导教师:祝玉宝

让母爱之花绽放

阜阳一中东校高二(11)班　刘玉萍

天,落雨了,给海捎去千丝万缕的思念。

海,起风了,向天倾诉绵绵无尽的牵挂。

我,想起了你,让风捎去我的问候,托雨带去我的嘱托。

这时耳边响起《母亲》这首歌,让我沉醉在温暖的怀抱中。此时,我已经不再是在母亲怀里撒娇的小孩子了,母亲也不在我身边照顾我、教诲我。每一次的离别、每一次的相见,都会让我感到幸福。幸福在哪里呢? 幸福在我们手中,只要我们把握住,珍惜幸福。有人说:"幸福是花朵,绽放出光明与希望;幸福是果实,回报以芳香和甘甜;幸福是落叶,奉献出余热化成香泥。"而我却说:"幸福是微笑着闪着泪光的双眼,是耳边亲人亲切的问候,是全家人围成一桌在中秋之夜共享天伦之乐。"

岁月在母亲脸上留下深深的烙印,当母亲和岁月握手时,岁月给母亲留下的却是一道道沟壑。而每当我看见母亲时,她的脸上却总洋溢着灿烂的笑容,自始至终都没有改变,头发上散着雪花,在微风的吹拂下,她显得如此"美丽"。当我牵着母亲的手时,她总是缩回去,像个害羞的姑娘,当她拗不过我时,只好顺着我,她牵着我的手，我紧紧握住她的手，这已不是小时候牵着我过马路的手，她的手比以前更"漂亮"了。

真想给母亲一个拥抱，倾听"爱"的呼吸，倾听"心灵"的跳动，爱是一粒小小的灰尘，撒播在每一个角落。爱是在我最无助的时候，给我以慰藉和帮助，是它给最无助的我以希望。

亲情犹如夜空中的那颗北斗，指引那迷路的羔羊回家的方向；亲情是一串挂在颈间的钥匙，打开一扇扇忧郁的门窗。亲情没有"白头生死鸳鸯浦"的轰轰烈烈，却也使"夕阳无语为之动"。

这一切的一切都是母亲给我的，风筝翔天，忘不了那根线；大雁南飞，依旧频频回望。岁月易老，世事易变，在流逝的岁月中，不变的是母亲那一生都深情的牵挂……

此刻我的心里充满着感激之情，让这一泓清泉，化为我前进的动力，让我带着感动出发，背起以前的担子，我感到比以前更"重"了。无论前方是巍峨的高山，还是飞流直下三千尺的瀑流，我都不会退缩。母爱是帆，母爱是桨，因为母爱，才有现在甘于风餐露宿的生活。因为母爱，我才敢于九天揽月去，五洋捉鳖回。我会一步一个脚印去攀登，那是母亲给我在困难面前不低头的力量。

我将怀着一颗感恩的心去生活、去奋斗，让母爱之花永远绽放，我感谢我的母亲。

指导教师：王秀娟

手掌里的爱

阜阳一中东校高二(3)班　袁　宇

放假了,回家去喽!老爸说一会去接我,嘿嘿,太幸福啦!

车子终于在我接连不断的抱怨声中停下,准备下车之际,我的目光往车窗外搜寻着,爸爸充满喜悦的脸庞和在寒风中紧缩的身躯一并映入我的眼帘。我在无限的愧疚中下了车,想着:这么冷的天,你肯定在这里等了很长时间。我的傻老爸,你总是这样,提前把爱和等待装得满满的,我真怕哪天这份爱会沉重到我无法承受……老爸从我手中接过行李的动作把我飘忽的思绪拉了回来,"天这么冷,你咋穿这么少?不冷才怪!来,我摸摸你的手凉不凉!"没等我说话,我的手已经被你宽大的手掌覆盖,温暖瞬间从你的手心里传来。我才知道,爱是如此的温暖!可是老爸,你的手从什么时候开始变得这么粗糙了呢?——茧子、裂口!我感受着、触摸着、回忆着,回忆着这双手带给我的种种……

小时候在我们村里,老爸你是出了名的严师兼严父。我不知道该用哪个词来形容你的严厉,我只知道那时在我们全校的学生中,就没几个敢直接和你的目光交汇的,似乎你的眼里藏着一把利剑——剑气逼人!"严父"嘛,当然是对我而言了。那时,我们家里有很严的家规,它规定了我回家的时间、该干什么、不该干什么等等。每天,在这种种"规矩"的约束下,我像个表演"走钢丝"的杂技员,小心翼翼地生活,一丝不苟地遵循着那些条条框框。但是,再怎么注意,也总有"一失足成千古恨"的时候吧! 有一次,我经不住朋友的劝说,和他们一道去了村西的小河边,在那里疯玩了一个下午,直到暮色四合,我才想起该回家了!"犯规"的我像怀揣着一只不安分的"小兔子"进了大门。我看见你站在院子里,不等我解释,我的脸上已经留下了鲜红的手掌印——这是我早已经预料到的结果,所以我没有流眼泪,因为你不许,而我,也不想! 我想不通为什么别人家的女儿都那么受宠,而我却不能得到那份应得的宠爱! 哪怕是一个鼓励的眼神或是一个温暖的笑容。我心里清楚那是不可能的——至少现在是不可能的! 于是就只能将心中的恨发泄在读书上。我渴望摆脱你,哪怕要到陌生的县城去读书我也毫不犹豫! 在"恨意"与"渴望"的推动下,我最终如愿以偿。

不受约束的我在开学的第一个星期过得很是自在。对着镜子时,惊讶地发现原来我也可以拥有这么明亮、会心的笑容! 周末,同学们都迫不及待地回家去了,只有我,倔强着非要待在学校里,因为我还没有享受够那自由舒畅的呼吸! 如雁过秋凉至,人走后,学校里空荡荡的,很是冷清。我坐在空寂的教室里写完作业,然后又回到宿舍把该洗的衣服洗完,最后实在没事干,我索性把刚铺上没几天的床单也抽下来洗了洗,接下来,剩下的就只有寂寞了。回家的念头似野草,在我的心间疯长,直到我无法控制,电话亭里便出现了我急切的身影。爸,你知道吗,电话拨通后,听着你的声音,我的眼泪就那么莫名地掉下来了,没有任何预备。我抽噎着对你说:"爸,我不留校了……我想回家……"那次,你也是在路边接我,然后拉着哭得不成样子的我往家走,一边给我擦眼泪,一边说着安慰我的话,全然没有了往日的严厉之色。老爸啊,原来你的手并不只有打人这一项功能,它不知什么时候也学会了疼爱呢!并且一直到现在似乎只有后者了!

爸,自初中到现在,你也曾推心置腹地跟我谈了好多次,你的苦心我日渐明了。在我小的时候,你演的是"鹰爸爸"的角色,忍痛把我推下悬崖,锻炼我坚强的翅膀,让我可以翱翔苍穹;而现在,你是"盲人的拐杖",给我不尽的安全感,一路陪伴着我,随时准备给迷茫的我拨开迷雾,坚定我犹豫的步伐。爸爸,只要牵着你的手,我就什么也不怕!

你往我的脑门上弹了一下,说:"想什么呢?还不赶紧回家,你妈该等急了!""嗯?哦,没什么,走吧!"于是,我牵着你的手幸福地回家去了!

指导教师:谢 凤

送 别

阜阳一中东校高二(10)班　许　稳

那是一个不同寻常的夜晚,月亮没有更圆,夜没有更静,六岁的他躺在爸爸的怀里,爸爸跟他说明天会出门打工,但不懂事的他哪知爸爸的心思,他淘气地说:"你打工是为给我买糖吃吗?"爸爸笑着说:"是的。"不一会,他便满意地睡着了,而爸爸手里的烟一直烧到半夜。

第二天早晨,爸妈起得很早,为爸爸收拾好行李后,妈妈就去做饭了,听说有他最爱吃的青椒肉丝。他也早早地起来了,吃饭的时候,他像一只小猪,只顾吃自己的,弄得满脸都是油。爸爸看着他笑了,但眼睛里好像有东西在游动。

吃过饭过了一会,爸爸就背着包走了。爸爸没有说什么,只是不断地回头看,淘气的他在爸爸走后就进屋里玩了。但他不知道,远处的那双眼睛仍在望着这个温暖的家。

爸爸走了,地球没有停止转动,他和院子里的小树一起快乐成长着。

转眼快过年了,听说爸爸会在腊月二十一的晚上回来,可能是想爸爸了,他一直等着。都已经九点了,突然,他家的狗叫了起来,

他赶紧跑出去,爸爸已经到门口了。爸爸放下包一把抱住他亲了几口,他被爸爸的胡子扎得哼哼直叫。于是爸爸放开他,从包里拿了一包糖果递给他。他高兴极了,但他却也注意到爸爸瘦了、黑了,手上有了一些疤痕。

过完年爸爸又出门了,在以后的日子里每年都这样。一年又一年,他慢慢长大了。在爸爸离开的时候,他的心里酸酸的,他明白了爸爸的恩情,望着爸爸的背影,他有些不舍。

时间过得真快,他上初中了。那年元宵节的晚上,一家人吃过饭后,他为爸爸送行。那时的他已经有爸爸高了,他拿着行李跟在爸爸后面。皎洁的月光下,一片麦田,一条小路,父子俩静静地前行,没走多远爸爸就让他回去了。回去的路上,他没有心情看周围的烟花,他有了心事。他不想爸爸离开,就像人们不想美丽的烟花离开一样。他回头看,爸爸像风中的麦苗弯了腰,他哭了。泪水中他对爸爸的爱更深,泪水中他学会了感恩。

初中三年他很努力地学习,最后他考上了市里的一所高中。但升入高中后,他发现他与爸爸的距离远了。他很不耐烦爸爸的唠叨,与爸爸的谈话也少了很多。他有时甚至无故向爸爸发脾气,但爸爸都忍着他。他认为爸爸很自私,把他当成学习的机器,让他考大学是爸爸想自己有面子。但是最后,他发现他真的错了。

一个下雨的晚上,他给爸爸打电话,拨通后,他生硬地说:"爸,我的眼近视了,我要配眼镜,你给我打三百块钱吧。"话音刚落,他听到爸爸紧张地说"怎么了?……儿子,咱考上考不上都没关系,千万要保重自己的身体啊!"他的心暖暖的,眼角好像有东西要跑出来,他强忍着,笑着对爸爸说:"爸,没关系,现在近视的人可多了,再说,我不考大学来这上学干什么?"说了一会,他挂了电话,风还在吹,雨还在下,他强忍着泪。

从那以后他变了,学习更努力了,他每个星期都会给爸爸打电话,他知道爸爸对他的牵挂。

那天又是一个送别的日子,他上高二了。他爸爸送他去上学,还是那些麦田,还是那条路,没有了月光和烟花。他走在爸爸前面,如今的他已经比爸爸高很多了。爸爸的头发也有许多白了,没走多远,他说:"爸,你回去吧!"爸爸回去了,他一个人向前挪着不舍的步子。

他心中在憧憬着,他想将来有一天,他开着自己的车带爸爸走在这条小路上,爸爸会多开心啊!想着想着,他包里的笔掉了。当他回头去捡笔时,他愣住了,爸爸还在远处站着。看着爸爸,他的眼角被泪水浸湿了。他向着爸爸的方向深深鞠了三次躬,然后,对那片天空大喊:"爸,谢谢你,我爱你……"回音在村庄间传响,泪眼中他看到爸爸转身奔向家的方向。

指导教师:吴苗苗

外　婆

阜阳一中东校高二(2)班　许　剑

"晚风轻拂澎湖湾,白浪逐沙滩……"校园里又响起了这首轻快的歌谣。但它却把我的心坠得很沉。拖着几乎抬不起的沉重的脚步,静静地走到操场,躺在枯黄的草坪上,想要在天空寻找外婆的容颜,却总被无情的风吹散。

我七岁的时候,由于好奇,误吃了外婆放在墙角的老鼠药。味道怎么样我是忘了,应该还不错吧!要不我怎么会把一小包药都吃光了呢!听妈妈说,快吃午饭的时候,我昏倒在了院子里,口吐白沫。登时把外婆吓哭了,立马抱起我到村子里的小诊所。那里的医生看了一眼不省人事的我便说:"药吃得太多,可能没救了!"妈妈听完这句话便晕过去了。妈妈说她醒来的时候听说我已经被送到镇上的医院,正在洗胃。是外婆抱着我,跑到了十几里外的镇上……

我仿佛看到,一个五十多岁的老人,怀抱着个七岁的孩子,一边流着泪,一边在乡村泥泞的小路上奔跑的身影。

外婆,您在哪儿呀?您还在深深地爱着我吗?

我十二岁的时候,在父母打工的地方上小学。冬天刚下过雪的一天中午,我放学刚到家,爸妈告诉我外婆病了,问我要不要回老家看看外婆。那时的我正贪玩儿,一听说爸妈要回老家,心中便如即将被放出笼子的小鸟般的欢快,便说:"我还得上课,不能回去!"

几天后,眼眶通红的父母回来了。我问他们外婆得的是什么病,他们只是说:"没什么,过两天就好了。"当时我心里还想着和同学们的游戏,听爸妈说外婆没事,我也就什么都没想了。

直到放暑假,我回到外婆家,才看到已躺在床上半年的外婆。原来就是那次冬天下雪的时候,外婆不小心摔了一跤,血压高的她得了脑中风,打那以后,外婆就再也站不起来了。我跪在外婆的床前,想让泪水冲走我内心的伤痛与愧疚,但它却像海绵一样,泪水越多,心坠得越沉,痛便越重。外婆躺在床上,嘴里发出缓慢而轻微的声音,外婆在说话,我却听不清她在说什么!外婆的嘴角颤抖着,艰难地微笑着,眼中却噙满了泪水,在眼眶中打着旋儿。我懂得外婆!她见到了我,所以微笑;我在悲伤,所以她流泪。

我扶起外婆,让她靠在我的身上。我的泪又禁不住流了下来,原来的那个抱着我奔跑几里地的外婆,十几岁的我竟然可以不费多大力气地将她扶起……

后来,妈妈告诉我,外婆刚住院的时候,让她和爸爸不要把外婆的病情告诉我,免得我担心,影响了学习!

外婆,您在哪儿呢?我想您了!

外婆是2005年夏天去世的。那天的雨下得很大。以前,我总是这样认为:每天都会死很多人,上帝并不会为谁哭泣。可那天落下的,不是泪又能是什么呢?

外婆没有火葬,因为外婆一生都是在苦难中度过的,我不想让去世后的外婆,再经受任何痛苦。外婆的墓穴很深,因为没有火葬,人们担心埋得浅会引发瘟疫。我觉得墓穴深些好,因为那里更安静,没人能打扰到熟睡的外婆。

外婆的坟就在她家南边的地里。每年,我都会在麦苗变得油绿的时候探望外婆。因为在那个时候,我总能感受到外婆生命的延续,还有我的血液流淌在深沉的土地里。

现在,有时候和妈妈聊天还会谈到外婆。妈妈告诉我,小时候我们家里穷得很。有一次我的奶粉吃完了,家里没有一分钱,而爸爸到外地打工还没回来。哭干了泪的妈妈跑到外婆家,外婆竟把她过冬用的棉袄卖了给我买奶粉。我不知道外婆那一年的冬天是怎么过的,也不知道那年的冬天冷不冷。

外婆,您告诉我好吗?

现在的我,不再喝牛奶。不是怕喝牛奶的时候想起外婆,而是怕再把她过冬的棉袄喝进了肚子里。

外婆,天堂的冬天不冷吧?

指导教师:吴苗苗

拥有爱,感动爱

阜阳一中东校高一(9)班　王　刚

世界,因为爱而多了感动;世界,因为感动而多了感恩。谁能说没有被爱过,没有被感动过。感恩,这束美丽的火花,也会在你的心中悄然升起……

母爱,让我学会感恩十七年,就这样匆匆地过去了。一个人,能有多少个十七年?母亲为我匆匆忙了十七年,换来的就仅仅是儿子长大了。吃饭的时候,看到母亲的头上,又多了几根银发,眼角的皱纹,越来越多了。饭后,我独自一人走在小路上。夜,静静的。我抬头望着天空,似乎星星上都刻着一个熟悉的字眼——妈妈!

儿子长大了,是该为妈妈做些什么了。过后,我学会了一些家务,拖地板、擦桌子、洗衣服、洗碗……我学会的家务越来越多,母亲的压力也越来越小,妈妈时常感慨道:"儿子长大了!"我也很高兴,为了妈妈,学会感恩!在学校,想妈妈时,我就抬起头,天上的月亮对我微笑,仿佛在说:"儿子想妈妈了!"我的嘴角,也会稍稍抬起……

师恩,让我理解感恩,"春蚕到死丝方尽,蜡炬成灰泪始干"。

老师,就是这春蚕,就像蜡烛,就像……给予了我们,牺牲了自己。"静静的深夜,群星在……"这首歌,歌颂了老师的伟大。有谁知道,老师深夜里灯下提笔批改作业;有谁知道,老师多少次为不听话的学生悄悄流下眼泪;有谁知道老师的青春,是什么时候结束的;有谁知道……在老师的引导下,我们理解了感恩。古语说:"一日为师,终生为父。"老师啊,您对我的恩,我没齿难忘,您为我付出了汗水,我要用我最好的成绩来报答您……

天愈来愈冷了,我又感冒了。倚在阳台的椅子上,我在午后阳光洒下的落日碎金中,享受着难得的静谧。望着天空中的飞鸟,告诉自己,曾经有过,便是可以感恩的了。那些带着甜蜜的笑脸的时光,总是温存地在心底沉淀……如今仍能享受这静谧,这也许就是多彩的生活对单调的我的一种感恩吧。

屋中突然飘起了歌声,天空中飞鸟依然在飞着,只是打破了生活给予的那一份宁静。

寂寞不是孤独。有一种寂寞是身边无人共享媚然的月的清光,有一种寂寞是吟咏诗赋却无人共和"妙哉"的心的绝唱。披上繁华的外衣将寂寞藏于心。我分明看见有什么闪着微弱的光,渐渐明亮,刺眼,那是感恩。

无需繁华的外衣,那只是宿命不堪一击的饰品,唯有感恩的人,才是人性至真至纯的情感。

拥有爱,而感恩爱。

指导教师:于西亚

——感恩教育征文选

我想对你们说

阜阳一中东校高二(10)班　何文玲

亲爱的爸妈：

你们好！

你们知道吗，我真的好想你们呀。我很后悔在寒假中没有珍惜和你们在一起的日子，没有亲口对你们说出我心中对你们的感激之情。

转眼间假期已经过去了，开学的日子也在加速地向我奔来，开学不但意味着让我们家难以承受的巨额学费又该交了，最让我舍不得和难过的是爸妈你们又都要出外打工去，而且还是一年那么长。一想到这，眼泪就会不自觉地涌上眼角，等待那一刻的下落。

可是该来的那天还是来了，几天前，我心里就已经开始不安了。开学的那天早晨，天还没有亮，爸妈你们就早早地起床了，为我整理生活用品和那天的早饭，还叮嘱我多睡一会儿。起床后发现大包小包的，你们为我准备了一大堆的东西，大概都可以用到明年你们回来了。我说够了，够了，什么都不缺了。你们还是一遍一遍地问，怕我还缺什么。当时，我心中有说不尽的感激和幸福。

不巧那天是泥泞路，地上也不能推自行车，爸爸您就把长长的扁担放在了宽阔的肩膀上担着行李包,妈妈您装作很轻松的样子背起了另一个行李包。一路上我走在你们的后面,不停地和你们聊天,心里有说不完的话,多么希望那一刻成为永恒呀!爸爸、妈妈,你们知道吗?看着你们被行李包压弯了的背影,我突然感觉到你们太辛苦了,为了我们姐弟三个,你们从来都没有过上一天的安适日子,我心里充满了对你们的愧疚与感激。你们走在前面一步一步地为我开路,走几步就回头看看,问问我的情况。爸妈,谢谢你们!你们不仅为我开通了这条泥泞的路,而且还在尽力地为我开通人生之路,指引我通往理想生活的彼岸。爸妈,我多么想亲口对你们说些感恩的话呀,哪怕一句也行。可是由于我的怯弱,最终没说出口。该上车了,你们把我送上车后,我们都没有说一句话,车起动的那一刻,我的眼泪最终掉了下来。我使劲地把头往窗外伸,由于人太多了,还是没有看到你们,但是我知道,你们也一定在盯着车窗看,直到车子消失。爸妈,我多想对你们说,谢谢你们!我爱你们!可是我没有说出口的勇气。

　　开学两个星期了,爸妈你们知道吗,其实这两个星期我一直在思念你们的痛苦中煎熬着。我本认为只要对你们有感恩的心就够了,不一定要说出来。可是我错了,最近"感恩"主题在我们学校广播上大力宣传,我心中荡起了懊悔的涟漪,后悔没有把心中的感激之情表达给你们听,然而这让我明白了感恩的意义与重要性。爸爸妈妈,我向你们保证,我有一颗感恩的心,我一定会尽最大的努力去好好学习,考上好的大学,到那时再亲口向你们表达我心中的思念。

　　爸妈,小时候我是个病秧子,家里三天两头请医生,直到十三四岁,身体才算好了一些。十多年来,你们为了给我看病风里来雨里去,不知道操了多少的心,一次又一次地把我从病魔手中夺回来,给了我们姐弟三人一个温暖幸福的家,爸妈,谢谢你们!

爸爸妈妈,谢谢你们在我心中播下了爱的种子,我相信它终将长成参天大树,开满感恩的花朵,我会永远拥有一颗感恩的心。

爸妈,你们听这首歌:天地虽宽,这条路却难走,我看遍这人间坎坷辛苦,我还有多少爱,我还有多少泪,要苍天知道,我不认输。感恩的心,感谢有您,伴我一生,让我有勇气做我自己;感恩的心,感谢命运,花开花落,我一样会珍惜。

感恩的心,感谢有您……

指导教师:吴苗苗

邂逅微笑

阜阳一中东校08级5班　谢　萍

话说狗尾草的生命力是顽强的,话说狗尾草的心志是高远的,话说狗尾草的命运是令人嗤之以鼻的,话说狗尾草的一生就是他人生的缩写……

他生于山村里,长在山野间,看那日夜交替,欣赏朝霞暮色,很平淡的时光就这样在阳光的亲吻中流逝。阳光的呵护是温暖的,如妈妈的怀抱让人感到亲切自然。记忆中妈妈的手是温存的源头。看着她柔顺的发丝,漆黑的夜空便有了闪亮的星星。平淡的幸福的时刻,就是童年拥有妈妈温存的日子。

当思维的羽翼丰满,狗尾草新奇地看那五彩的虹、缤纷的花、肆意生长的野草,一切富有生命意义的东西都在充斥着它的思维与成长。它开始在意伙伴的目光,一个轻蔑的眼神足以让狗尾草伤心好几天。不甘平庸,多想出人头地。贫困的家庭让他有了比同龄孩子更加坚忍的目光。妈妈的朴素、爸爸的辛劳、邻居的温情……让自尊自爱的他成为一个懂事进取的少年。他也有奔驰于山野的快感、积极向上的心态。他在朴实中成长着!

暖风吹拂,它慢慢睁开双眼,远处的人们成群结队地玩耍。时尚的短裙、清丽的T恤、休闲的牛仔……色调与款式的协调中,有人轻抚它毛绒绒的脑袋,夸它可爱。它涨红了脸,羞涩地笑笑。它开始了对楼房草坪的向往。

城市的诱惑是不言而喻的,他终于在上高中时到了城里。汽车笛笛的催促声让他兴奋。没有了泥土的芬芳、山花的妖娆,只是青色的水泥路面让他清醒。他仍是淳朴泥土的孩子,浑身散发着乡土的气息。这里没有他的家,他要努力去改变这个事实;这里没有他的光环,他就竭力去聚焦闪光亮点。一点一滴地积累,终将幻化成最闪亮的聚点。清晨与深夜的过渡中,泪水与喜悦的掺杂中,他战胜了高考,战胜了时光,战胜了那些都市孩子有的没有的。终于把胜利握在了手里,都市欣然接纳了他的努力。

白云悠悠,阳光普照,狗尾草早已泛黄,带着星星点点的草籽回归到泥土中。泥土赋予了它生命,它同样要为生命的延续尽心尽力。当他的孩子带着稚气陪他春游,他指着山间小道那绿茸茸的家伙说:"宝贝,它们很漂亮很有骨气!从前,爸爸就是它们中的一员。"

他终究忘不了那春雨的滋养,阳光的宠爱,妈妈的温存,山野赋予他的坚忍……给予他的是生命,是力量。当嘴角翘起优雅的弧度,他又一次看到了微笑的容颜。

指导教师:王秀娟

心存有你,感恩于心

阜阳一中东校高二(11)班　张晨晨

　　阳历 2 月 14 日,农历大年初一。阜阳下雪了,淮北呢?

　　当新年的钟声敲响后不久,我望着从天而降的茫茫大雪,脑海中毫无征兆地就想起了你。想起你的笑脸,勾起那些无尘而又天真的回忆。一个人的画面如同雪花那样密、那样多,却又那样轻、那样柔,缓缓从眼中飘下掉落于心中。我承认,又想起你了,想起那个身在异乡的你,想起那个给过我真挚友谊的你。不知现在的你怎样,过得好不好。闲暇之余,还会不会记起我。

　　那一天,当你转身踏上火车之前,直至当我看见那列要驶向远方的单程列车消失在早已浸满泪水的瞳孔中时,却还是没能把那句"谢谢"说出口,不是不好意思,而是在离别之际,生怕那一句"谢谢"让彼此之间感到陌生。因为你说过,朋友之间,是永远没有"谢谢"和"对不起"这两句话的。一个人在车站泪流满面,是不是太孤寂了。记得你上车前回头微笑着对我说:"记得那个三年之约,三年之后我们必定会在同一所大学中相遇。"不知道那阳光下的笑容是为了掩盖悲伤,还是真的坚强。我不语,看着单纯一如往昔的你。

雪依旧在下,地上已有少许的碎冰……

初识的夏天,很感激那时的你以陌生人的身份冒失地闯入了我那坚固如堡垒的世界。满脸的阳光,似乎可以洒满世界的每一个角落。嬉戏的笑脸,仿佛巧克力般给人一种难以忘怀的醇香。幽默的行为举止,真诚的语言交流。你的快乐,将我心中的围墙一砖一瓦地拆掉。没有过于华丽的语言,没有太过奢华的修饰,你的真诚如一把钥匙,看似轻而易举却又用心地打开了我自闭的门。谢谢你的真诚,谢谢你让我拥有了让人羡慕的友谊。曾经折断翅膀的我,本已无法飞翔,可你的鼓励,却让我一点一点地找到了站起来的勇气。当没有办法飞向梦想的彼岸时,谢谢你选择陪着我一直走过去。真的很想说,在那花开时节,能够遇见你,认识你,真好。

一起伏在课桌上,努力用功,任阳光肆意地透过窗户在教室留下斑驳流动的影子,一起互相扶持,相约着走向梦想。一直都记着,走廊上曾经留下的美好的欢笑声,单车上曾经拥有过的时光。

记忆没有沉睡,我的世界因为你的到来,从此变得春暖花开。

时常没有理由地想起你,连带着那些美好的回忆。一直如同信徒般虔诚地相信,对你,不仅有太多太多无可言表的感激,更有因你的出现而带来的精彩的惊讶。

一直都相信,我们之间的那份友谊会天长地久。如同我们的故事未完,一定还有待续……

指导教师:王秀娟

心弦上的主旋律

阜阳一中东校高二(11)班　罗倩倩

心有明灯,便不会迷路,便可拒绝黑暗、胆怯,拥有一份明朗的心情,一份必胜的信念,一份坦荡的胸怀。

心有小窗,便有亮丽的阳光进来,小酌一些温暖的故事,便有自由清风邀约一些花香或者白云。

心有琴弦,纵然客去茶凉,仍有小曲缓缓响起,仍有满树桂花知音而化为酒香。

心,感恩的心,感恩那颗心,有心的地方,就有感恩。

感恩,如一泓清泉,洗涤着人们疲惫的心灵;感恩,似一支画笔,点染人们单调的心情;感恩,有时是一杯温水,让你在严寒的冬日感到一丝温暖;感恩,有时只是一句问候,让我们摆脱困境中的孤独。

"慈母手中线,游子身上衣"。无法忘记,母亲怎样用视力模糊的双眼,为我一针一针缝补着衣服;在午夜时分一句轻轻的"早点睡",便让我模糊了双眼;在蒙蒙的天未亮时为我准备好丰盛的早餐,吃下的每一口都是爱的味道;在雨天时,当别人为没有雨伞无法回家而愁眉苦脸时,我却能在校门外来往的人群中找到您焦急的身影；在我骑车时望着我跌破的伤口，我没有遗漏您双眼中一闪而过的泪水……

像涓涓细流，一点一滴汇成河、流成海；像茵茵绿色，一草一木长满山、聚成林。母爱就是这般伟大、无私。母亲为我付出的爱是数不清的，却没有一丝抱怨。我明白，您一直在默默地支持我、鼓励我，是您在为我引航，指引我走在前进的路上。母爱无量，我感恩母亲那颗心，感恩您把我带到这个世界上，感恩您让我知道做人要有目标，感恩您为我付出的一切。母亲，我爱您！

在追寻理想的路上，我奋力前行。但是，难免会遇到一些艰难险阻，一些漆黑的深谷。可是，每一次我都没有迷失方向，因为，有颗心像一盏明灯，指引我走向充满光明的地方。这便是老师对我的爱。老师的爱、老师的胸怀、老师的精神，都值得我去感恩，我会去感恩老师那颗纯洁的心。老师，我爱您！

在学习和交友的岁月里，空气中都弥漫着友情的味道。在孤独的时候，你们为我送来一颗颗温暖而真诚的心。我要感恩，因为我知道友谊可以向一切诚挚的人奉献。朋友，我爱你！

相逢是首悠扬的歌，相识是杯醇香的酒，相处是那南飞的雁，相知是根古老的藤。心静时总是默默地祝福着你们。

感恩母亲那颗心，母亲那颗心便如一杯茶，茶香满口情悠悠；

感恩老师那颗心，老师那颗心便如一首诗，诗言有尽意难尽；

感恩朋友那颗心，朋友那颗心便如一首歌，歌到情处笑语喧。

此刻，藏在心底的感恩的心融汇在感动之中。

指导教师：王秀娟

雪

阜阳一中东校高二(1)班 黄 浩

一

记忆中,那年的风雪特别大。

天地间的一片苍白,空中塞满了风雪,那片片雪花,在呼号的北风中斜着头扎向银地。倒也奇怪,万马千军蜂拥而至,却不留下一丝声响,如万树梨花的落蕊,要将整个大地覆盖。远处的房屋顶染成了白色,只在立着的墙上露出一些灰黑或土红。安静的世界、安静的村庄,偶尔有人从门口走过,总能清晰地听见"咯吱咯吱"的声响,就像一曲艰难处世的音乐,又像多年未曾入住的老屋的木门的旋转声。

"雪下那么大,你今儿就别走了呗。"妈妈一边帮我收拾行李,一边劝我。我苦着脸:"还是走吧,明天就要开学了。"

"那怕啥,不是开学三天松嘛。"妈妈看着我,笑着。那时我还小,读不懂妈妈的意思。

我不再说什么,妈妈也不再说什么,但她手里的活依然没有停。

"咯吱——",爸爸推门进来了:"不然今儿就别走了,这雪越下越大,已经没了脚脖子了。"爸爸伸头缩颈,鹅毛般大小的雪花铺满了全头。显然,他出门看路况了。他弯下腰扑打扑打头发,家里便下起雪来了。

爸爸把行李绑上摩托车,打算骑摩托车送我到镇上赶往县城的班车。"告诉你啊,如果外面可以骑车,就送你去;如果不能骑,就过两天再走。""嗯。"我眯着眼答道。

二

外面的雪依然漫天飞舞,丝毫没有减弱的迹象。原来狭窄的乡间土路已经看不出一丝痕迹,完全被一层晃眼的白色覆盖着。一脚踩下去,全然不见了脚踝。不出一会儿,深深的雪坑就被北风塞了个满,好像原本就是那么平整,那么莹亮。漫目扫去,没有一个人,只有树枝还露出些惨淡的灰色。

爸爸妈妈把我从头到脚包裹严整,夹在他们两人的中间,而爸爸在前面骑车。破了排气管的摩托车老牛一般喘着粗气,同时尾部喷着青色的烟。由于看不见路上的车辙,车子颤颤巍巍地向前挪移着。果然,刚出门不逾百米,摩托车便倒在地,我们三人倒在了雪里,还好没伤着。

妈妈望了望我:"没法骑,你还是雪停了再走吧。"我笑了一下:"好吧。"

三

爸爸把摩托车推回家后,就不见了。

一会儿,他像小鸟一样蹦进了门:"阿康,走,拿着你的东西。我跟你大伯说好了,他答应送你去石弓。"他的眼里充满了兴奋和激动,黝黑的脸上绽放着花一般的笑容。我猛然觉得爸爸好似孩子一般。

我提着东西去了。大伯正在用火烤发动机。"天太冷了,三轮车摇不起来,你先进屋坐着吧。"他戴的草帽,已经满是雪花。

我坐在走廊底下,看着漫天飞舞的雪花竟出了神。雪花虽然终将落地,却在最后一刻也坚持将自己最美的舞姿留于人世,然后幻化成一颗颗晶莹的泪珠,滋润着田里的秧苗……

"突突突……"我被一阵吵闹声唤过神来。大伯和在一旁帮忙的爸爸伸了个长长的懒腰,都看着我笑了。三轮车也高兴地吐着浓烟,似乎要把这片白雪吞噬。

四

放好行李,与父母道别后,三轮车就开进了这无尽的雪白里。我坐在车厢里,一手举着伞,一手扶着包裹,而大伯只戴着那顶草帽。

三轮车拐到南边大路上时更滑了。厚厚的积雪被来往的车辆轧得结结实实。车子左歪右歪,就像一个喝醉了酒的男人。我的脸和身子,凉彻透骨,不由得牙齿间发出了"咯咯"的声音。

就这样,三轮车在这冰一样滑的路面上"突突"地行进着,几度欲歪进路边的沟里,都被大伯纠正了回来。而在刚出庄的拐弯处,这醉醺醺的三轮车终因失滑而无所救。幸运的是,三轮车靠在了一个柴草垛旁的杨树上,没有滑进另一侧的水沟里。

大伯从车上下来,想到车尾部看看车的状况。虽然他一步一步小心地在地上挪移着,却还是摔了一跤。只见他脚底一滑,整个人便重重地摔在地上。随后他站起来,拍了拍身上的雪,对我说:"没事。"他的脸上没有任何表情。我只是愣着,不知说什么好。雪花纷纷扬扬,不断地撒向地面。风雪中,大伯从一户人家那借了根长长的木棍,要把车头抬到路上去。他的脸拧成了一团,鼻孔里冒着浓浓的热气。"嘿——嘿——嘿——"车子像蜗牛一样一点一点地向左挪着,一点一点地从柴草里探出头来。而大伯额头上已沁出了汗水,丝丝缕缕地冒着白气。让我想起了家乡特有的炊烟。或许,这也是家乡的炊烟吧。

三轮车又"突突"在这雪际里了。

五

路那么漫长,好像永远也到不了尽头。我把头沉下去,不去想缓慢向后移动的背景,不去想大伯左摇右摆的背影,只看着雪花一片片飘落在车厢里,耳朵里充斥的是发动机的聒噪。

终于,三轮车停在了在那等候的农班车旁。我赶忙拎起东西跳下了车。当我看到大伯的脸时,我惊呆了:浓黑的眉毛和浓密的络腮胡子上挂满了透明的冰凌,满是皱纹的脸成了紫铜色。紫铜色的脸,紫铜色的额,连笑容也是紫铜色的。

把东西送上车后,他只说了句"我走了",就又钻进了那茫茫的雪海之中。

六

坐在温暖如春的车厢里,我的手渐渐温热起来。我小心地擦去玻璃窗上的小水珠,看着窗外白茫茫的田野上飞速倒退的灰色的树影,脑子里浮起刚才那张满是冰凌的紫铜色的脸。温热的泪水不住地流淌过我的面颊。我把头抵在窗户玻璃上,用自己才能听见的声音说:"大伯,不知您能否听见,我一定不会忘记您对我的帮助。我敬您,爱您。"

七

一颗泪珠落在了我的腿上,慢慢地融进了衣物里,只留下一粒淡淡的湿痕。

指导教师:祝玉宝

— 感恩教育征文选

眼中的爱

阜阳一中东校高一(12)班　高　婷

　　窗外雷声四起,雨滴落在地上发出"啪啪"声,似乎在叫喊。但喊声在黑夜里被吞噬,被淹没。我就如同这水滴一样在黑夜中叫喊,却无人知晓;在雨中流泪,却没有痕迹。直到那双明亮的眼睛出现,我才重新看到了阳光。

　　母亲的离世使我的生命失去了太阳。十岁的我随着父亲在生活中跌跌撞撞地奔忙。一次次的转学使我的成绩一步步下降,学习已成为生活的附属品。父亲日复一日地在生活中奔忙,他从来不过问我的学习。

　　父亲所在的施工队又要进行大转移,我也要随着父亲一起去外地。转学对我来说已经没有什么了,对于不停的变换我已经麻木了。

　　来到新的学校我习惯了一个人的孤单,一个人上学,一个人独自行走。第一次见到班主任和以前的一样没有什么特别的感觉。习惯了他们的质疑和不情愿的眼神,习惯了他们忿忿不平地接受我,然后带着我去搬桌椅安排座位。

　　在新的班级里,我又如空气一般地存在,默默地来默默地去,直到"六一"儿童节那天,桌上多了一盒德芙巧克力。我从不知道那黑黑的块状物到底是什么味道。好奇心驱使我尝了一块。含在嘴中又香又甜,好吃极了。那时心里特别甜。记得那天是妈妈离世后我最开心的一天。

日子照常过去,班主任似乎更加注意我的言行举止,总能感觉到他那双眼睛注视着我。早上上学迟到了,班主任没有任何的责骂,只是静静地看着我。第一次抬起头看到他的眼睛,眼里满是雾气又带着一丝冰霜。坐到座位上,我像往常一样吃着从家里带来的早饭。作业没交,我又被班主任叫到了办公室,低着头站在他面前,他却没说任何一句话,我只能感受到他一直在注视着我。

前几天父亲在工地干活时被从高处落下的重物砸伤了腰,现在正躺在医院里。我每天中午放学都要从学校食堂打了饭去看他。虽然已经动过手术,但依旧要卧床休养一个月。每天,我就如同方向标一样在人海中来回转动。放学回到家煮好饭送到医院,再给爸爸整理洗漱,回到家已经十点多了。老师布置的作业根本没时间理会。第二天又要到班主任面前罚站,但每次班主任从不责骂我,只是静静地坐着,有时还会给我几颗糖和一些零食。

爸爸的伤好了,我也将随着爸爸到另一个城市去打工。办理转学手续那天,我在教学楼遇见了他。他先是愣了愣,随后我和他来到了操场上。他站在大榕树下背对着我,用平静的语气对我说:"每次作业没交,你站在我面前总是低着头,一直没有看我的眼睛。其实你知道吗?每次看到你,我的眼睛都会不由自主地湿润,只是你一直低着头从没看见过。其实我并不是希望你能看到我的泪水,而是希望你能够看到我眼中的爱。记住,以后不管面对什么都不要低下头,要抬起你的头注视前方,因为只有抬起头才能看到眼中的爱。"说到最后,我满脸泪痕,而他则摘下眼镜背对着我小声地抽泣着。但他又那么坚挺。天色渐暗了,我告别了班主任。

又来到了一个陌生的地方,进入一所新的学校,认识了新的班主任、新的同学。我已经不再低头前行,而开始了自己的奋斗。每当遇到困难时,我就会想起那双充满爱的眼睛。知道有爱,我就会充满信心地往前冲。

远方的班主任你还好吗?很想对你说一句:"谢谢!"

指导教师:朱群霞

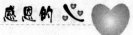

一路走来　感恩为伴

阜阳一中东校高一(3)班　许　凯

"落红不是无情物,化作春泥更护花"。这是赞颂那些默默奉献的人的一支赞歌。十几年寒窗苦读的背后,不仅仅只有自身的辛酸和汗水,更充满了无数爱我们的亲人、老师、朋友的爱与奉献,是这无形的力量一步步将我们推上梦想的殿堂。坐在这殿堂中的我们不仅不要忘记这份情,更要去感恩他们的付出……

每当心头积聚怒火时,我都会一遍遍聆听欧阳菲菲的那首《感恩的心》,它净化我的灵魂,除去心中不安的狂躁,"感恩的心,感谢有你,伴我一生,让我有勇气做我自己……"

"感恩"之心,就是对世间所有人所有事物给予自己的帮助表示感谢,铭记在心;感恩的心,就是我们每个人生活中不可或缺的阳光雨露,一刻也不能少。无论你是何等的尊贵,或是怎样的卑微;无论你生活在何地何处,或是你有着怎样的特别经历,只要你胸中常怀着一颗感恩的心,随之而来的,就必然不断涌动着诸如温暖、自信、坚定、善良等等这些好的处世性格。

感恩是每个人应有的基本道德准则,是做人的起码修养。很多人、很多事,其原因大多源于不会、不愿感恩。学会感恩,感谢父母的养育之恩,感谢老师的教诲之恩,感激同学的帮助之恩,感恩一切善待帮助自己的人,甚至仅仅是那些对我们没有敌意的人。

平日里我们接触最多的,是我们的父母亲。在我的意识里,首先应该感恩的是父母。十几年的养育之恩,不知该以何为报。父母用幸福和泪水迎接我,却又要用汗水含辛茹苦地把我养大,尽管这是一份沉重的负担,但父母却毫无怨言。为了给我们一个更加舒适的环境,他们总是那么辛苦,那么努力。小的时候不懂,以为这是天经地义。长大后才知道,是他们毫无保留地将爱留给了我们,将幸福留给我们,痛苦却独自承受。

如果说父母是开路人,那么老师则扮演着引路人的角色。千百年来,人们把老师比作春蚕、蜡烛,在他们的呕心沥血下,无数祖国的花朵成为国家的栋梁。人生中的课堂无处不在,但在真正的课堂上,一直教诲着我们的就是老师,也许我们遇过的老师不计其数,但他们有着共同的特点——勤劳,有耐心。是他们将冥顽不灵的我们教化,赋予我们力量与知识,丰富了我们的思想与内涵。当我们拥抱成功、享受喜悦时,别忘了我们老师付出了自己的青春和汗水,我们没有理由不感恩老师。

常怀感恩之心,我们便会更加感谢和怀念那些有恩于我们却不求回报的每一个人。正是由于他们的存在,我们才有了今天的幸福和喜悦。常怀感恩之心,便会给予别人更多的帮助和鼓励,并以之为最大的快乐;便能对落难或者绝处求生的人们爱心融融地伸出援助之手,且不求回报。

"感恩的心,感谢有你,伴我一生,让我有勇气做我自己;感恩的心,感谢命运,花开花落,我一样去珍惜……"学会珍惜你的幸福,学会感谢你身边的一切,因为珍惜才会拥有,感恩才能地久天长。

　　一路走来十几载,因为有感恩相伴,我体会到了幸福,既知道了自己在被人爱着,又知道该怎样去爱别人……

　　　　　　　　　　　　指导教师:刘捍东

一生有你

阜阳一中东校高一(2)班　姜振华

"千里难寻是朋友,朋友多了路好走"。从自己呱呱坠地的那一刻至今,在我生命的旅途中,我遇到了太多可人的风景:或许荒凉,或许是生机勃勃;或许真切,或许是模糊不清;也许有的只是枯枝黄叶,甚至自己经过的只是一块不毛之地。可不管怎样,每一处风景都有自己的特色,每一处风景都可以让我感受到快乐,体会到幸福的滋味。

春天,泥土散发着清香。

一粒种子经过阳光和雨露的滋润,从微微润湿的泥土中破壳而出,慢慢地长成新生的绿芽,嫩嫩的、软软的,像刚出生的婴儿好奇地注视着这个五彩缤纷的世界。田野里,一望无垠的绿色汇成生命的长河,在微风的吹拂下,泛起层层细波,并向前永无休止地流动着。

野花遍地,蝴蝶在花丛中飞来飞去,寻找着属于自己的一份天地。淡绿色的芳香在空气中游走着,大地呈现出一幅忙碌而又和谐的画面。

夏天,雨露中凝结着激情。

炎炎夏日,酷暑难耐。大地在令人窒息的干涸中坚持着。然而早已泛黄的野草却在空气中呻吟着,不免让人产生几分同情。紧接着,大地的肌肤也干裂了,这没精打采的世界给人平添了几分痛苦和无奈。

雨是一首挽救生命的音乐。六月的大地在欢快的雨水中迎来了重生。大地又热闹起来了,万物以极大的热情投入到新的生活中去。唯有那不知疲倦的蝉儿的歌唱从未停止过。

是天空的泪点让大地的爱坚持到了最后。

秋天,落叶里饱含着思念。

落叶萧萧,篱菊怒放。秋天是落叶的季节,曾经葱绿光鲜的花叶,如今只能随着秋风缓缓凋零,让人伤感。然而,落叶也有自己的美丽。你看,它们在空中飘飞的样子,是多么自由自在、洋洋洒洒啊!

那优美的舞姿是大自然的语言:传递着祝福,寄托着思念。虽然不能像苍鹰一样翱翔蓝天,可落叶依旧在属于自己的狭小天地里尽情地舞动着。因为曾经绿过,所以它没有什么遗憾。只是它依旧留恋着这五彩斑斓的世界,所以在自己生命的最后一刻,它无私地把自己的躯体献给了大地母亲,用一次漂亮的"陨落"回归到自然中去,并送出了它内心最朴实的那份祝福。

冬天,瑞雪里收藏着挚爱。

是谁从天上来,营造出银装素裹的世界?又是谁把洁白无瑕的美带给世界?是在大地上绽放的雪花吧!看,一朵朵可人的香雪从明亮的天空中飞落下来了,乳白色的芳香里沉浸着来自天边的爱意。这份爱被勇敢地接受了,大地把朵朵盛开的雪花紧紧地抱在它温暖的怀里,可雪花在不知不觉中融化了,不是大地无情,而是雪花太执著。

舞动着的雪花啊,请留下你的挚爱在我的文字里。相信吧!我会不顾一切地保护你,疼爱你,让你免受风儿的侵袭,让你远离太阳的烘烤。

大自然是无私的。它用自己的爱向我们传达了一个信号:一个生命不可能再有一次四季。

大自然是真诚的。它用行动证实了:生命永远有新的含义。

大自然又是富有爱心的。它用自己的力量号召我们:珍惜生命,创造未来!

我愿回归到自然。

指导教师:韩福梅

带着感恩出发

阜阳一中东校高二(5)班　于海燕

踮起脚尖,我望着那条走了十几年的路,那一串串歪歪斜斜的脚印,总让我想起那些年那些人那些事……

往日走过的路途,到处都还能够嗅到它所特有的馨香……

看到了,那两张可亲可爱的脸,依旧对着我微笑。时光在光影里,总是不留声息地带走你习以为常,并以为永远都不会改变的东西,最后只有模糊的背影留给你回首观望。在向未来行进的路上,父母一直都陪在身旁。天凉时嘱咐你多加件衣服,生病时在你身旁为你递上一杯热水,夜间担心你盖不住被子,一夜起身多次……那样细微的关怀,他们竟这样陪伴了我十几年。被他们的关爱包围着,我却还觉得生活中有许多乌云,许多风雨,这么多年,他们付出的更多,又怎能不曾有过无奈和不如意。可是,头顶的那些乌云,生活里的那些风雨,总能轻易被他们驱散。生活中有他们,未来的道路又有何惧?是他们,给了我勇气。

这些年,从幼儿园到小学、到初中,再到高中,学校里的生活总离不开那些朋友。"在我生命每个角落,静静盛开着。我总以为,你会永远陪在我身边……"朴树低声唱着《那些花儿》,"散落在天涯……"年少时光，总爱和朋友在嬉闹中度过。那些日子，也会遇到少年的烦恼，有失意，有彷徨，可是彼此都会相互鼓励，会好起来的。是啊，那时的天空是多么纯净啊，我们一起望着天空，沐浴在希望的温暖里。还记得，曾经傻傻地写下梦想和祝愿，塞进瓶中，满心虔诚地放到河里，一起站在岸边，望着它们渐行渐远。余晖洒在水面上，它们在我们眼中闪闪发亮。大家笑了，笑了好久。为了梦想，各自踏上新的征程，临别时没有太多的话语，我们都知道，将来有一天，大家依然是朋友，以后的日子里有回忆。那些可以照进心田的光芒，会和漂流瓶一起再回来。是他们，给了我信念。

记得成长的路上、寻求知识的道路上，有许多双大手把我一步步引入正途。他们辛勤、热心，他们不甘平凡，像红烛，发出微小的光亮。老师们，和我们在一起，面对学习中的疑惑与困难，给我们在迷途中指出一条路。他们燃烧着青春，奏出太阳底下最高昂的强音，无悔的青春，献给无悔的生命。我们都会记得，这一路有你们在身旁，是你们，给了我方向。

生活中，还有那么多的人在为我们的成长默默付出着，对于生活所给予的一切，我都感恩着。

无论那些曾经盛开的花瓣今后将飘落何方，我都会一直记得花儿散发的芬芳。它们一直在路上，我所走过和要走下去的路上。

指导教师：王秀娟

遇上您是我的缘

阜阳一中东校高二(10)班　徐红梅

不要说相见恨晚,也不要祈祷永远永远。我只想对您说:"遇上您是我的缘。"

您虽然没有演员的容貌和演技,没有演说家的谈吐与口才,没有运动员的体能和身材,没有哲学家的风度与智慧,但您却拥有着捧着一颗心来,不带半根草去的心。一支粉笔,您指点知识王国的迷津;一块黑板,记下了您无限的希望;三尺讲台,闪动着您辛勤教诲的身影;一根教鞭,您在开拓通向理想的路径。虽然父恩比山高,母恩比海深,可是又有谁能用金钱来衡量您所付出的一切呢?

有人说您是辛勤的园丁,有人说您是无私的春蚕,也有人说您是燃烧了自己、照亮了别人的蜡烛,还有人说您是最伟大的工程师。而我只想对您说,在您经过的路上,到处是春天的绿树;在您行进的前方,全都是秋天的硕果。有您在身旁,到处是爽朗的笑声;有您在我寻梦的征途上,自信的我在知识的海洋里扬帆远航,乘风破浪。您睿智的目光,拨开我心中的迷惘;您亲切的话语,驱走我心头的惆怅。您的引导和鞭策,点燃我心中的希望,激励我大胆地追逐青春的梦想。这一切,我都记在心上。此刻我要捎去我真诚的问候和美好的祝福。

一天天太阳升起又落下,一届届学生走来又走去。您乌黑的头发,已被成年累月的粉笔灰染白;您清澈的双眼,因无数个不眠之夜熬红了;您笔直的脊背,因几十年春夏秋冬的伏案工作而佝偻了;您轻松的脚步,也因无数次来回于讲台与课桌之间而变得迟缓。真是岁月蹉跎,时事变迁。但永远不变的是您对学生深沉的爱和灿烂的笑颜。虽然青春已从您的身上悄然而逝,但您却把生命的能量一点一滴地献给了一个又一个美丽的花季。您的学问已融入了一个个年轻的躯体。他们如火山爆发一般,正在祖国的四面八方焕发着青春的活力,真是园丁心坎春意浓,桃李枝头蓓蕾红。您是人类最伟大的工程师啊!

  我要歌颂"宁可枝头抱香死"的菊、"任尔东西南北风"的竹,我还要夸奖松树和梅花傲视冰雪的坚强,但我更要为普通而又平凡的老师您,从心灵深处唱一曲赞歌,粉笔作词、黑板谱曲、书声伴奏、教鞭指挥……

  在我生命的航程中,虽然您的身影苍老而佝偻,却能在风雨中为我撑起一片天空,在热辣的太阳下为我遮出一片阴凉。走在求学的道路上,您有力的手留下粉笔的痕迹,为我指出一条光明的坦途。老师,亲爱的老师啊!您是荷叶,我是红莲,风雨来了,还是您,为我遮风挡雨。

  佛说:"前世五百次回眸才能换来今生的擦肩而过,前世五百次相遇才能换来今生的一次相识。"而我只想对老师您说:"敬爱的老师,遇上您是我的缘。"

  我不去想是否相见恨晚,也不会去对着苍天祈祷永远。我只想说:"遇上您是我的缘。感谢有您,有您陪我到人生的终点,我亲爱的老师。"

指导教师:吴苗苗

在爱中成长的我们

阜阳一中东校高二(12)班　韩　娟

亲情是一种奇妙无比的力量；亲情是一则永不褪色的话题；亲情是一坛陈年老酒，甜美醇香；亲情是一幅传世名画，精美隽永；亲情是一首经典老歌，轻柔温婉；它还是一匹名贵丝绸，细腻光滑。

父母对我们的爱无与伦比，无可超越。它能滋润我们的心田，使生命之洲充满阳光，充满生机，永远不会沙化。所以，学会感恩，懂得铭记父母对我们似海的关爱。

考试失意时，第一个听到我诉苦的人便是爸爸。爸爸是我的靠山。和爸爸在一起，总让我觉得很踏实，很温暖。我哭着向爸爸诉说我成绩的不如意，爸爸没有批评我，而是抚摸着我的头，自信地笑着说："一次考试不算什么，我相信女儿是最棒的，下次能够进步，找到不足，迎头赶上。"听了爸爸的话，我擦干了眼泪，若有所触地点了点头。爸爸对我的爱表现为充分信任和鼓励，让我找到了勇气和希望。从那一刻起，我学会了坚强，也明白了父亲对我的爱，在我的心里便多了一个信念：就算是为了爸爸，我也要好好学习，不再让他担心和失望。我对爸爸充满了感激。

当我做错了事，浪费了最宝贵的财富——时间时，面对的是爸爸严厉的目光。我知道错了,但听到爸爸严厉的话语,我还是觉得很委屈。哭着去找妈妈。我向妈妈哭诉着,埋怨爸爸对我的批评,埋怨爸爸的小题大作。妈妈没有多说什么,只说了一句让我震惊的话:"爸爸批评你是为了谁?"我不再哭了,跑去找爸爸,看见爸爸神情沮丧地坐在沙发上,眼前的爸爸突然苍老了很多。我霎时明白了,爸爸对我的爱表现为严格要求,殷切希望。这种爱太严厉,很难认清它。迷惘的我差点走进雾林。于是对爸爸的感激愈加强烈。

　　爸爸严厉的批评曾让我迷惘,而母亲的唠叨同样曾经让我为之烦恼。随着年龄的增长,妈妈的唠叨也随之增多。我对妈妈的唠叨表现得不耐烦,不在意。妈妈似乎有说不完的话,面对我的冷漠和不耐烦,妈妈表现出无奈的表情。但当我想到:"年轻美丽的妈妈是因为谁而变得唠叨?"我自责,想到妈妈因为我的冷漠和不耐烦所承受的痛苦,但对我毫无责怪,让我无法想象妈妈对我的爱有多深,至少这是无法用语言来描述的。现在,听妈妈的"唠叨"已成了享受和幸福。妈妈对我的爱表现为处处唠叨,言语之中显真情。我感激妈妈,为自己所享受到的幸福感到庆幸。我无法想象失去父母的爱,我的世界将会怎样。爸爸妈妈,我永远爱你们。

　　父母对我们的爱像太阳一样给我们温暖,像月亮一样给我们温馨,像春雨一样给我们滋润,像和风一样给我们清爽……在父母无微不至的关爱下,我们健康幸福地成长。面对父母对我们似海的深情,我们岂能徒手相接,毫无所感?

　　在爱中成长的我们,在接受理解父母的关爱之时也要学会感恩。父母是爱我们一生的人,他们把全部的希望寄托在我们身上,我们是他们的全部,是他们的唯一。父母对我们付出那么多,但他们并不求回报,正是这种伟大无私的付出让我们在爱中幸福成长。乌鸦反哺,羊羔跪乳,更何况通情达理的我们呢?

亲情能使人懂得怎样善待生命,仁爱一生。反之,没有亲情的生命是荒凉的,是没有色彩的。没有亲情的呵护,人生就多了几分孤独和寂寞。父母对我们的爱是风雨中的一把伞,是冰天雪地中的一堆篝火,是荆棘荒途上的一朵玫瑰。它是一种力量,能够给我们战胜困难的勇气,能够净化我们的心灵,能够提升我们的思想境界。

在爱中成长的我们,在享受父母对我们的关爱的同时,应以乌鸦反哺的心情对待父母。父母对我们的爱不是天经地义的,不是理所应当的,在爱中成长的我们要学会感恩,努力学习,让父母欣慰。理解孝顺父母,让他们感到快乐。孔子曾说:"父母唯其疾之忧。"倘若能做到这一点,"把父母对你忧愁的心情用于对待父母",就是孝了。

在爱中成长的我们,要心系父母,学会感恩!

指导教师:张佰科

谢 谢

阜阳一中东校高一(9)班 赵 红

谢谢您!

是您,一次又一次地鼓励着我,即使是一根被压弯的树枝,也从不向命运低头。要咬紧牙关,挺住!

是您,一次又一次地支撑着我,即使是一棵身处逆境的小草,无边的黑暗,仿佛要将我吞噬,我也会不屈挣扎!

是您,又是您,一次又一次地拥抱我,温暖我,给我光明,给我希望!

因为您,"每一次,都在孤单徘徊中坚强,每一次就算很受伤也不闪泪光。我知道我一直有双隐形的翅膀,带我飞,给我力量"。

您是我的翅膀,是我隐形的翅膀。现在的我依旧很渺小、很孤独,也很迷茫。可我喜欢您,越来越爱您。有一天,突然发现您在我的生命中扮演着如此重要的角色。我想站在山尖处,在狂风中、在暴雨中洗礼,奔跑,大喊,为您而骄傲。

您是我心中的太阳,是我的骄傲,我为您而自豪!昔日的我,粗心大意,渴望一切的美好,却又是如此的弱不禁风。仿佛天空中的云朵,纯洁美好。经微风的吹荡,动摇害怕,面对风雨时,就消散了,化为乌有了。

您出现了。向我招手,对我微笑。您说:你是上帝的宠儿,要开心,要努力,要加油! 不经历风雨,怎能见彩虹!

至此,我开始构思生活的彩图。正如朱自清先生所说:燕子去了,有再来的时候;桃花谢了,有再开的时候;杨柳枯了,有再绿的时候。可是,我们呢? 甚至于不敢面对生活。

但是,又是您,对我不离不弃。黑暗中,您牵着我的手,共同摸索着前进;阳光中,您拍拍我的肩膀,鞭策着我向前,向前!

您虽然没有生命,不能用语言表达自己的情感,却又胜过了一切盎然生机。因为您在鼓舞着无数的人,曾为无数的人拨开云雾,挥洒阳光。也是因为您,我才能坚强地微笑——我的理想。

为您,会经历辛与酸、苦与辣,可终有一天会变得甘甜、滋润。在没有实现您之前,周围经常是狂风,是暴雨,很少有明媚的阳光。想一想,为了您真的很苦,可又像"哑巴吃黄连——有苦说不出"。真的要悬梁刺股,卧薪尝胆,甚至于受胯下之辱吗?

想一想,我还是微笑了。"人生自古谁无死","白了头,空悲切","黑发不知勤学早,白首方悔读书迟"。我想,我是不会放弃的! 无论前面的道路怎么艰难! 我会一直坚持,坚持! 努力,努力!

我可爱的理想,谢谢您!

您是我的灯塔,您是我的港湾,您是我心中冉冉升起的太阳! 是您让我勇敢,让我执著,让我坚持! 我会再接再厉,更上一层楼。

为您而加油,为我而喝彩!

指导教师:于西亚

最美丽的回报

阜阳一中东校高二(13)班　李　磊

　　感恩，这个被讨论了千万遍而永不衰老的话题，它以千年不改的魅力教会我们一个亘古不变的道理，但在千万遍的提及下，它到底触动了多少人的内心，又有多少人在用一颗感恩的心回报这个世界呢？它所拥有的力量到底有多大，我想只有当心灵被触及的那一刻才会明白。

　　高一那年，学校为了筹备元旦晚会，向各年级征选节目。我当时灵机一动想到了手语歌曲《感恩的心》，这是一个需要几十个人一起表演的节目。在班主任的大力支持下，我们24个男生女生开始了认真的编排。虽然大家都很认真，但我总觉得少了些什么，以至于我们像木偶一样随着有情的音乐重复着无聊的动作。

　　我们从木乃伊蜕变成有灵魂的躯体是在参观了特殊教育学校之后。当我们装着同情进去而他们以欢笑迎接的时候，我们才知道自己的"同情心"是一种多么不堪的罪恶。他们是不能说，也不能听，但他们会画画，会剪纸，会用双手编织美丽的花朵，会用珠子串成一个个可爱的动物。他们的笑像冬天的阳光温暖了我们的内心深处。我突然觉得有一股暖流注入我身体的每一个器官，我竟然不自觉地笑了,但同时一滴泪滑过我的嘴角,我想这就是心灵被触动的感觉吧!

他们像一朵朵花儿静悄悄地绽放在这个无声的世界,他们不需要同情,只需要友情,我终于知道我们所缺少的那份美好是什么了,我想我的同伴们也都感受到了。

节目开始的那天晚上很冷,我们穿得也很薄,但当音乐响起的那一刻,一股暖流冲进每个人的身体里,那种温暖似乎触手可及。那一刻没有灯光,没有音乐,没有喝彩,有的只是心中那滴感恩的泪,那个值得我们感谢的人。

因为感恩,我们弯起嘴角;因为感恩,我们要让全世界知道我们很好。感恩就是理解与微笑。

可能我们曾经忽视了某个人对自己的关心,可能我们在不经意间伤害了某个人,可能现在的我们不知如何弥补他们受过的伤,那就对他们微笑吧!因为我们理解了他们的良苦用心,所以我们微笑;因为他们无私付出,所以他们理解我们的微笑。别说对不起,要说我爱你!

人生总是阴晴不定的,虽然经常会有狂风暴雨折断理想的枝丫,但阳光总会穿透云层使理想的枝丫新生。我们总会感谢美丽的日出日落却很少对风雨微笑,当我们知道风雨会使我们更加坚强时,可别急着说对不起,要对它笑着说,谢谢。

感恩的方式不止微笑一种,有时候无条件的接受也是一种感恩。

有一个从农村走到城市工作的年轻人,他结了婚以后因房款压力太大而打电话回家诉苦,父母听了后很担心,想把自己存的几千块钱给儿子用,儿子不要,因为儿子知道父母不容易。他的同事劝他收下,说:"老人能为你付出是他们的心愿,如果有一天他们发现自己帮不了你了,他们会认为自己不被需要了,心里会很难过。"年轻人听了以后就立刻打电话回家让父母带钱过来,并告诉父母他们的钱对自己有多重要。父母一听可高兴了,来了之后和儿子媳妇高高兴兴地过了大半个月,然后高高兴兴地回去了。

年轻人用接受的方式让父母放心、开心,这又何尝不是一种感恩呢?接受会让为你付出的人感到快乐,会让为你付出的人体会到他们的价值。所以,不要对爱你的人说"我不需要你再为我辛苦了",要说"我永远都需要你"。被自己爱的人需要,就是付出后最美的回报。

在懂得感恩时,你会发现身边的每一个人都曾为你付出过,而你却在不经意间忽略了那一份份恩情,回想起来自责和内疚像一把把刀子刺痛我们的心脏。我们因过分内疚而产生的痛苦并不是在回报那些有恩于我们的人,而是一种间接伤害。我们应该记着的是,自己还可以做些什么而不是自己欠了什么。

就像花儿用芳香回报大地,鸟儿用歌声回报森林,我们要用行动回报温暖过我们的每一缕阳光。自责并不是你在知错后应该做的事,后悔也不是你面对错误的态度。任何付出之所以值得你感激,是因为它出自于内心。也许你曾伤害过那些美丽,但它不会介意。它习惯把眼泪丢弃在沙子上让阳光蒸发掉,而唯有你美丽的微笑才会刻在生命中最坚硬的地方,让它永存。

不要用你的痛苦去延续过去的悲伤,自责不是你逃避的方式,生活是不断向前的,每个人应该想的是未来而不是过去。

所以,学会感恩,学会理解,学会接受。别对施恩者说对不起,别对他们说不需要,因为微笑是最美丽的回报。

微笑吧！让美丽的感恩之花盛开在世界的每个角落，让我们的心只记住那些最美好的时刻！

指导教师：谢　凤

感恩之花,绽放心田

阜阳一中东校高一(5)班　徐冰洁

大千世界,多姿多彩,最美好的事莫过于让感恩之花绽放在你我心田……

——题记

感恩之花是一朵朴实无华而又娇艳的花。说它朴实无华,在于它朴素的外表下面却蕴藏着耐人寻味的深意,这份深意引领人们的心灵走向人间最美的殿堂,这份深意使得人们懂得很多哲理;说它娇艳,在于它在绽放的那一刻顿时成为世间最美丽的花朵,这份美丽不仅仅在于它的形状和颜色,更在于它象征着心灵的最高境界,它如同莲一般出淤泥而不染,濯清涟而不妖。虽是娇艳,却没有任何富贵逼人的气势,而是多了一份平易近人的朴实无华。这一朵朴实无华而又娇艳的花教会了我们很多很多……

滴水之恩当涌泉相报,懂得感恩,学会感恩,这是从小学时老师就开始教育我们的一个永恒不变的话题,它牢牢地印在每个人的心中。感恩之花,每个有良知的人都应有。"学会感恩",这简单而又复杂的四个字,看似简单容易,做起来却很难。每个人都懂得这样一个道理:要心存感恩并为之付出应有的行动。可是又有谁

能够真正地做到这一切呢？也许感恩在某种情境下只是人们一时激动的口头语，激动过后，便将其抛到了九霄云外。敢问这时的人们一句："难道你们认为感恩仅仅是一种激动的心情而无需深思吗？"

我想，这需要你我去深思……

当感恩之花绽放在你我心田时，我们会懂得老师严厉的目光后面的良苦用心，会谨遵老师们孜孜不倦的谆谆教导，会看到老师们挑灯夜战时的辛勤备课，我们会懂得如何去感恩老师。也许，感恩老师最好的礼物莫过于遵守校规，努力学习，回赠给辛勤劳作的园丁们一份骄人的成绩单；当感恩之花绽放在你我心田时，我们便会懂得父母恨铁不成钢时的良苦用心，会看到微弱的灯光下母亲缝补衣服时的慈祥微笑和烈日下辛勤劳作的父亲正在用晒得黝黑的手背拭去鬓角的汗水，这一切我们都会懂得，我们会为之付诸行动。也许，我们只需要听他们的话，不惹他们生气，努力学习，做一些力所能及的家务事就够了。当感恩之花绽放在你我心田时，我们要做的事还有很多很多……

感恩之花，绽放心田，何时才能够绽放？这一切并不是时光爷爷所能掌握的，何时绽放的答案就装在那个神秘的木匣子里，而打开那个木匣子的神奇的钥匙就握在每个人的手里。这把神奇的钥匙就是我们懂得感恩的那一刻。在那一刻，木匣子被打开，答案即会呈现，答案即是："当你拥有感恩之心时。"是啊，有了感恩之心，它才会绽放……

所以，如果你心存感恩，那么，还是让它绽放在你的心口吧！因为，感恩之花在它绽放的那一刻，你的心灵会变得很美很美……

指导教师：于西亚

——感恩教育征文选

爱的传递

阜阳市实验中学八(1)班　杨晓雯

常怀一颗感恩的心,这个世界在我们眼中就会变得愈加美好。

因为急着赶路,一下公交车,便忙着穿越马路。就在她踏上斑马线的瞬间,一只大手用力地按住了她的肩膀:"当心点儿!"旋即,一辆卡车从她的面前呼啸而过……

惊魂甫定,一身冷汗的她方才想到致谢,可危急时施她以援手的那个人早已到了马路对面。她不知道他的名字,亦未曾留意他的面容,她所看到的,只是一个陌生的背影而已。他日即使在岁月的深处邂逅,她和他依然是"相逢不相识",对他的深切谢意,从此只能留存在她的心底。

这份长存于心的感激之情,时时提醒她心怀善意地生活在这个世界上。乘车时,她会随时将自己的座位让给更需要它的人;下雨时,她会将手中的雨伞撑在淋雨的孕妇头上;从饭店出来时,她会将打包的食品送给那些四处捡拾破烂的流浪者……是的,这些都是微不足道的小事,甚至是别人不屑一顾的小事。可她,总是怀着一颗感恩的心,用自己温暖的双手认真地帮着需要帮助的人,做着自己力所能及的事。

怀着一颗感恩的心,去面对生活中的种种,只要心怀感恩,人生就会过得幸福而充实。

多少年来,来自陌生人的充满关爱的目光一直温暖着你我,使我们独自行走在人生的路上却不觉得寒冷不觉得孤单。忘不掉,外出旅行时,一次次住在同学或朋友的宿舍里;忘不掉,深夜坐火车回家时,是车上偶然结识的同乡一直将自己送到了家门口;忘不掉,在外被偷得身无分文时,是陌生人掏钱为自己买了回家的车票……纵然我们早已淡忘了他们的面容,却永远无法淡忘他们给予我们的温情,把对他们的谢意,深深地藏在我们的心底。

当我们需要帮助时,陌生人将关爱给予了我们。我们应当怀着一颗感恩的心,将这份关爱用我们的双手传递给更需要帮助的人。这份关爱,会在这个世界上一直流传下去。

指导教师:陶建强

——感恩教育征文选

感恩父母

——爱的奉献

阜阳市实验中学初二(1)班　秦南欣欣

父亲的爱是海,把我们推向成功的彼岸;母亲的爱是船,载着我们从少年走向成熟;父亲的爱,鼓起我们远航的风帆;母亲的爱,点燃我们心中的希望……

——题记

在奥运会的赛场上,广播疯狂地寻找着射击冠军,催促他迅速赶到领奖台。而他,却在无人的角落给母亲打着电话……

"母亲,你听见了吗？我得到冠军了！我得到冠军了！"

"听见了,听见了,快去,快去领奖！"双目失明的母亲在电话的另一方格外的兴奋,眼中早已充满着晶莹的泪水。

"母亲的眼睛是最明亮的！"儿子有些哽咽……

男孩小的时候,双眼得了疾病。医生告诉孩子的母亲,他仅剩三个月的光明。母亲如遭晴天霹雳,随后,她决定带孩子去看看外面的世界,于是她卖掉了所有的家产,带儿子周游世界,那是她们最开心的日子。当他们到达另一个景点时,他们无意中听说,在动物身上进行角膜移植成功了。母亲重燃了希望的火苗……

遗憾的是,手术失败了,世界上多了一只义眼。但是,显然,母亲并没有打算放弃,她开始闭起双眼做任何事情,因为她要把另一只眼睛也捐给儿子。上天似乎听到了这位母亲的祷告,对她心生怜悯之情,第二次手术成功了!

儿子用母亲的眼睛瞄准红心,他,成功了,顺利夺得了冠军!这是儿子的努力,更多的,是母亲的支持!

我的父母亲并未为我付出过如此珍贵的东西,但是,他们所给我的一切,都是我这辈子无法回报的……

身为女孩的我,不被爷爷奶奶喜爱,所以,我很努力,很努力地希望他们赞同我,给予我同哥哥一样的待遇。可是我无论怎样去做,终究改变不了我是女孩的事实……

六岁之前,母亲和我相依为命,在外地上学的父亲一直和我们分离。

儿时,发烧了,母亲甚是心疼,立即带着高烧的我向附近的诊所狂奔。母亲很坚强,并没有因为困难而流下眼泪。虽然很小,但是我依稀记得母亲满是担忧的脸庞……

父亲在我上小学时就已经从学校回来,在异乡定居工作,也接来在家乡的我们……

母亲为我放弃了很多,丢下了工作,在异乡陪着女儿上学。每每在清晨起床,看见的是暖暖的早餐,心中流过一丝的温馨。

父亲虽然很忙,但是绝对不会错过我们一家三口的聚会,大手拉着小手,一起去逛公园,聊着平日的点点滴滴……

一天,忘记了告诉父母要补课,也没有带父母为我买的手机,一直到八点才回到家。可令人意外的是,家中居然一个人也没有,叹了一口气,觉得有些孤独,坐在书桌旁开始写作业……

大约九点多钟,终于有开门的声音了。有些疲惫的父母往沙发上一躺,满脸的忧伤。我以为发生了什么大事。我伸出了小脑袋,问:"怎么了?"父母猛地一惊,瞪大了双眼,说:"你在家啊!"我有些迷惑地点点头。父母随即松了一口气。

事后,母亲告诉我,她在家等我,眼看着时间一点一滴地过去,我却迟迟没有回去。母亲有些着急,打电话给父亲,父亲立即回到了家,和母亲一起外出找我。母亲说,父亲是从会议中离开的……

父亲没有言语什么,但是从父亲的表情中,我看得出父亲有多么紧张。当时,我只想对他们说,对不起,我爱你们!

从那以后,我就认为,我不只是为自己而努力,更多的是为父母而努力!父母并没有因为我是女孩而抛弃我,他们无时无刻不在为我努力着,所以,爸妈,谢谢你们!

前些日子,一直很疼我的外公走了,母亲说,上帝想他了。那段时间,我真正理解了"树欲静而风不止,子欲养而亲不待"的意思,心里不禁有些悔恨,居然没有珍惜和外公一起的时光,没有珍惜外公给我的爱。所以为了不让亲情在熙熙攘攘的生活中逝去,不让自己遗憾终身,请珍惜你周围的亲人吧,也许只需要你一句短短的问候,就能让你的家人感到温暖……

亲情,是一坛陈年老酒,甜美而醇香;是一幅绝世名画,精美而淡雅;是一首经典老歌,轻柔而温婉;是一方名贵丝绸,光滑而细腻……

学会感恩吧!感恩生育你的人,是他们让你体验生命;感恩关怀你的人,是他们让你得到温暖;感恩帮助你的人,是他们使你渡过难关……

指导教师:陶建强

彼岸有你是晴天

阜阳市实验中学初二(7)班　申翊含

抬头远望,那是彼岸的上空,满夜星空,布满了曾经的回忆。

似乎,从我降生到这个世界上就注定了妈妈要为我操劳一辈子,而我又能给妈妈带来什么呢?是幸福吗?这一切也许只是个未知数。但即使是未知数,也终究会被解出来的。妈妈要为此付出,这就是已知,代价就是逝去了便不再回来的青春年华。

当我还在咿呀学语时,妈妈就已经为我规划好人生道路。而妈妈自己难道就甘心做一名普通的家庭妇女吗?也许这个看似简单的事情,对于妈妈而言,却是一件不可能完成的事情。我虽然不会表达什么,但我心里明白:妈妈与爸爸在我两岁时就离婚了。十二年了,整整十二年了。是妈妈的心不痛了吗?不,不是。是心已经麻木了,麻木得失去了知觉,只剩下了冰封的回忆。

我知道,妈妈把我从小拉扯大并不容易,真的,不容易。当我看到妈妈的眼角爬满了皱纹,白发长出了一根又一根,心中真的有种说不出来的滋味。而妈妈还不以为然地说:"没事,不就两根白发吗?拔掉就是了。"我紧紧捏住那两根刺眼的银丝,可怎么也无法下手。我又怎会舍得,怎能忍心下手呢?难道妈妈不疼吗?

心,真的好痛,好痛,仿佛碎了一地,再也拼不回来了。眼泪也在脸颊上肆虐。这就是一位母亲为孩子操劳十几年换来的回报吗?上帝为什么也如此不公呢?

妈妈在我的世界里就像一把伞,在雨季里可以为我挡雨,在雪季里可以为我遮雪。我也想变成妈妈世界里的一把伞,在天塌时,为妈妈撑起一片蓝天,仅够呼吸就好。

妈妈总是想方设法地让我感受这个世界的美好,让我心中充满爱。同时,我也学会如何坚强地面对这个世界的一切。因为在我的身后,总会有妈妈那双坚毅的眼睛。

伤心时,我会看到妈妈那安慰的目光;开心时,我会看到妈妈那欣喜的目光;被人误解时,我会看到妈妈那心疼、理解的目光……

真的,妈妈给得够多了。

我感谢妈妈为我所做的一切,所以我要报答妈妈对我的好。我并没有让妈妈失望,我以幸福的名义,感染了每一个人,让大家时时刻刻都能感受到幸福的美好。妈妈就如同一棵小小的四叶草,寄托着幸福与希望,并把这份美好传递给了我。但四叶草的天空也并不完整。妈妈心中的那份酸楚,是她唯一没有传递给我的。一个人撑着的天空,总有一半是塌的。而天空如此之大,我是如此渺小,即使天空塌了一半,我又怎能看见另一半的黑暗?也许,永远不会有人看到。补了多次,伤口又再次裂开,不如就这样,让时间去慢慢愈合。

亲爱的妈妈,感谢有你!有你的世界总是那么美好,天空都蓝了好多。我现在已经长大了,无论是欢喜还是忧伤,我都愿意与你一起承担,那个躲在你背后的孩子,现在已站到了你的面前,回头向你调皮地笑。

一切都已经过去,明天,还未到。

你就是彼岸的一颗星,即使在我的世界里还有雨季,你也一定会为我吹走乌云,世界在悄悄放晴。从此,彼岸有了星星的光亮。

拉开华丽的流苏,仰望天空,那是星星的光芒。明天,又是晴天。

指导教师:陶建强

奋斗的源泉

阜阳市实验中学初二(4)班　张天武

那年的冬天,寒冷彻骨,放眼望去,一片白茫茫的。徐汇东的心也一样的冰冷,这天他本是来领通知书的,但当同学们拿着大学录取通知书高高兴兴地回家时,他却发现——他,落榜了!走在路上,放眼望去,一片衰草连着的冬日,寒风彻骨,一片白茫茫的。徐汇东的心也一样的冰冷。他来到学校,那天的景象,没有丝毫的生机,连一只小小的甲壳虫都见不到,偶尔从远处传来一两声欢呼,在不远的前方,有个唱片店正在播放着《水手》。但是他仍然慢慢地走着。忽然,他手里仅有的20元钱也被风刮走了,他急忙返身去追,那20元钱简直就是他的命根子!如果连那20元钱也丢了,他今天就别想回家了。但风就像一个爱搞恶作剧的小孩跟徐汇东开起了玩笑,一眨眼的功夫,徐汇东的钱就被刮得无影无踪了。徐汇东在后边无奈地看着钱被刮走,"这下完了,这可怎么办!"徐汇东不停地叨咕着这句话,头上也冒出了细密的汗珠。他现在没有了回家的路费,这可怎么办呢?他漫无目的地走着,结果又走回了学校。忽然,他看见了几个同班同学在校外买东西吃,在相互议论着彼此考上的学校好坏。他不由得眼前一亮,现在可以找同学借钱了。但他的目光很快又黯淡了下来,他犹豫了半天:"是借还是不借呢?"他想了半天,经过激烈的思想斗争,他还是狠狠心,硬着头皮迎了上去:"嗨,大伟!我……我……我刚才把,把那个路费弄丢了。""哦,原来是这样,行!我借给你。"就这样徐汇东拿到了回家的路费,虽然还差两元钱。但是,他乘的那辆车,乘务员不会专门刁难乘客的。只要解释清楚,还是能得到谅解的。他急着赶往车站,当他搓着冻得发红的手赶到时,车刚刚进站,他随着人流挤了上去,车上自然十分的暖和,身上的寒意被驱走了不少。当他向乘务员解释清楚原因后,乘务员也没有粗鲁地赶他下车,而是撕了张票给他。他赶到自己家里时,雪已经铺了厚厚的一层,踩上去"咯吱"响,一家人正在忙着扫雪,而他的屋子,也已被父亲收拾得井井有条,全家人都等着他带回好消息呢。脱离贫困,过上富日子,但如今……想到这里,他想要回报家人,他赶紧去夺父亲手中的扫把。父亲不给他,并且边干边说:"你去看书吧,我来干这事。"徐汇东听到这话,眼镜后面便蒙上了一层水雾,他偷偷地转过身,擦了擦眼镜。他小时候曾立志让全家人都脱离贫困。他刚刚走进厨房,就看见母亲边流着眼泪边拉风箱边往灶膛里填柴火,他看见后,连忙把母亲拉到一边,说:"妈,我来吧。"母亲一把拉过他说:"你还是去看书吧,过会儿,我给你做最爱吃的红烧肉。"他听到这里,眼泪就一个劲地向外流,越流越急,越流越多,就像一条河流到汛期一样,他哭了起来。母亲还以为是厨房烟浓,于是便说:"你还是赶紧去读书吧,这房子里边烟大!"说着,就把他往外推了推。他回到自己的屋里,想想高考的落榜,再想想日日夜夜都在田间地头为自己的未来努力的父母,羞愧的泪水立刻充盈了他的眼睛。于是,他趴在桌子上哭了。在餐桌上,他从头到尾都没有谈及他的成绩，但该发生的还是发生了，父亲终于问起了通知书这件事，他低声说："没有考上。"父亲和母亲并没有表现出惊讶和愤怒，只是淡淡地问："下地还是打工。"意思很明确，接下来还有两条路供他选择，第一条：下地干活；第二条：外出打工。他终于按捺不住心中的情绪波动，痛哭了起来。他回到自己的屋子，无力地看着灯光，这时，他的耳畔隐隐传来了郑智化的《水手》："……他说风雨中这点痛算什么，擦干泪，不要怕，至少我们还有梦，他说风雨中这点痛算什么，擦干泪，不要问，为什么……"徐汇东喃喃地说："难道我在学习方面已经走到极点了吗？不，我还要努力！"

第二天，徐汇东信誓旦旦地向父亲说："我要复读！"父亲听后，抬起头目光直逼着他的眼睛："那你就要给我好好学！不能只学个样子！"

在去学校的路上，徐汇东写下了一句话："积雪融化了，春天来临了。"这一年的秋天，徐汇东从邮递员的手里接到了武汉大学的录取通知书，那一刻，徐汇东的眼睛湿润了，他想哭，但还是忍住了。他喃喃地说："是父母、同学和身边的人的理解、支持和鼓励，我才有今天的成绩，他们是我前进的力量源泉……"

指导教师：何家骥

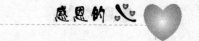

感恩的心

阜阳市实验中学初一(7)班　沈雅婷

"感恩的心,感谢有你。伴我一生,让我有勇气做我自己。感恩的心,感谢有你,花开花落,我依然会珍惜……"

——题记

提到《感恩的心》这首歌,想必大家一定都不陌生。正如歌中唱到的"让我有勇气做我自己,我依然会珍惜"。感恩是一杯浓郁甘甜的酒,令你一旦置身其中,就回味无穷,酣美如梦。

在这个社会里,最令我感恩的就是我的父母。没有他们就没有我的存在。其次,就是我的老师,他们传授给我知识,令我在这知识的海洋中徜徉,学会刻苦,学会钻研,不怕跌倒,永不服输。我还要感谢一切我能触摸到的、聆听到的,以及还未见过的自然界中的万物,是它们,使这个世界变得如此美好!

我感恩我的父母,是因为他们养育了我,教育了我,帮助了我。是他们让我真正地懂得什么是这世界上最伟大的爱、最温暖的情。我爱他们!

我感恩我的老师,是因为他们传授了我知识,并教会我应该怎样做人,让我从一个不懂事的孩子变成一个对社会有用的人。

我感恩世间的万物,是因为有了它们的存在,让我感受到了快乐和充实。有了它们,我才能品尝这世间的酸甜苦辣。快乐的时候,尽情欢笑、歌唱;悲伤的时候,尽情挥洒泪水。

或许会有人说:你说感恩它们,不如说成感谢它们了,这不是一个意思吗!

不,你们错了。"感恩"和"感谢"可不是相同的意思。两个词代表的程度不一样。感谢表达的是你对一个人的感激之情。而感恩呢,它是指发自内心深处的情感,为别人为你做的一切所产生的感动、感激。是感动与感谢的结合。当你把感动的心和感激的情结合在一起,也就学会了感恩。

同样的,鸟儿感恩蓝天,因为是蓝天给了它一个展示自己的舞台;向日葵感恩太阳,因为是太阳给了它一张阳光灿烂的笑脸;鱼儿感恩大海,因为是大海给了它无穷的活力与生机。

人们常说:"滴水之恩当涌泉相报。"对待我们的父母、老师、身边所有的人和世上的万物,也应如此:

报答父母,我们要从小好好学习,长大知书达理,在父母生病和年老的时候,用心尽力地去照顾他们,孝顺他们。

报答老师,我们要勤奋学习,刻苦努力,用一张张优异的成绩单和大学录取通知书来报答他们。

报答万物,我们要热爱生活,亲近大自然,善于观察,多与动植物交流,多种花种草,爱护并呵护它们。

……

总之,心怀感恩,你的生活就会充满阳光。

指导教师:李 奇

感谢您,我的恩师

阜阳市实验中学初二(4)班　李　雪

老师是我们最熟悉的人。他们给了我们对未来的希望,使我们健康、快乐地成长。他们正如一位位勤劳的园丁,给我们提供养料,修剪着我们这些"小树"身上的枯枝烂叶。

在我的记忆中,有一位老师改变了我的命运,使我步入了人生的转折点。

那时的我是一名五年级的小学生,性格内向、胆小懦弱、缺少自信、沉默寡言,所以成绩平平,一直都是中等生。这时,我原来的班主任退休了,一位新的老师接替了他的工作。这位新老师瘦瘦高高,貌不惊人,戴着一副呆板夸张的眼镜,但为人和善,幽默风趣,上起课来生动有神。在他的熏陶下,班里每位学生都很活跃。

一次,我意外地被这位新班主任叫进了办公室,我猜想一定是我的作业出了问题。可进了办公室后,他却满脸笑容地问了我一些问题,然后说我是一个不一般的聪明的孩子,希望我能多表现自己、锻炼自己。后来老师又说了些什么,我现在已经不那么清晰地记得了,只是那些钻进了我心窝的话成了我自信的源泉、前进的动力。

自从这件事以后，我才认识到我也是一个和别的同学一样聪明的孩子，我决定彻底改变自己，不让老师失望。于是，我试着与其他人主动沟通、主动交往，在各种活动中也积极表现自己……时间久了，这些一点一滴的尝试渐渐改变了我的习惯，以至于我的性格也变得开朗乐观起来。最令人惊喜的是，我的成绩也直线上升。一学期之后，竟一跃成为尖子生。我彻底变了一个人，我不再是以前的那只"丑小鸭"，我真正成为了一个不一般的孩子。

漫漫成长路上，像我的这位恩师一样给过我们关爱的老师还有很多，他们的一个目光、一句话、一个动作，都可能对我们产生极大的影响，甚至可以改变我们的命运。尽管我们今后的路还会很漫长，而且布满了荆棘，但有了他们的关爱、鼓励和引导，我们的路就会越走越宽广，越走越平坦。我们要把心底的千言万语化作一句话："感谢您，我的恩师！"

指导教师：何家骥

感谢自然,学会感恩

阜阳市实验中学初二(3)班 巩天择

人活在世上,总会得到各个方面有意或无意的帮助。无论是哪一种帮助,都会让我们离成功近一点儿。因此,学会对曾给予我们帮助的人或自然感恩,是十分必要的。而其中最重要的,无疑是对自然的感恩。

追溯到远古,如果没有大自然对生物的选择,哪里会有生物的不断进化,从而诞生我们人类?时至今日,如果没有自然无私的馈赠,哪里会有人类的诸多发明,从而创造出幸福的生活?如果没有自然的鬼斧神工,我们因之赏心悦目的美景去哪里寻找?

人们现在所吃所用的每一样东西,其实只是把大自然制成的半成品加工改造一下而已。人类自古以来接受了大自然不少的启发与恩惠,才得以掌握了我们人类自认为了不起而实际上却是微不足道的加工改造的技术。我们现在觉得古人的创造微不足道,其实如果到了几千年甚至几万年之后,后世的人受到了大自然比我们更多的启发而拥有比我们更先进的文明时,同样也会觉得我们现在的发明也微不足道。而大自然是不朽的,她一点一滴地给予着我们,使我们的大脑更加聪慧,生活水平不断提高。

然而，正当科技引领人们走向新的时代，人类却开始摧残自然了……

人类的贪欲被激发了出来，疯狂地破坏自然。人们开始滥伐森林，然后以保护的名义将一些好看的动物关在笼子里观赏，有些动物则被无情捕杀。尽管现在已禁止猎杀野生动物，可是有些人为了一己私欲，还是铤而走险，捕杀或雇人捕杀已失去美好家园的动物们。人们开始疯狂地开采资源，想把自然"肚子"里的东西一次性掏得一干二净。人们开始大量地建造工厂，然后将废物肆无忌惮地抛向自然。于是，自然的报复来了：酸雨——那是被化学废气熏出的眼泪；海啸——那是自然在愤怒地咆哮；地震——这是大自然的心在剧烈地颤抖啊！

刚才我说到几千年甚至几万年之后，写到那里时我犹豫了一下：按人类现在的做法，我不知道人类究竟能不能生存到那时候。人类要想生存更长的时间，就必须学会感恩和回报自然，而不能毫无节制地贪婪索取。否则，当大自然无法忍受时，它将会给自认为聪明而狂妄自大的人类以最沉重的打击。这种打击一旦到来，将会是不可阻挡的，结局将是惨不忍睹的。学会节制自己，并对大自然感激崇敬，是我们必须补上的一课。人类啊，学会感恩吧！

指导教师：何家骥

工地里那些人

阜阳市实验中学八(3)班　杨浩然

今年刚过完春节,我家附近一片房屋被拆除,好端端的楼房没几天就变成了一片废墟。听大人们说,这片废墟的中间将修建延伸过来的颍河西路,路两边用来修一个小型花园,供这里的居民休闲锻炼。可是废墟静置了近半年,也没见动静。每逢下雨,废墟堆流淌下来的泥水总是溅在行人身上。终于,6月份,在一个骄阳似火的日子里这里来了一群人,他们是来铺路的,因为从未留意过铺路,所以我对他们的施工产生了兴趣。

在城里人看来,那些民工的穿着显得有点土气。他们年龄不等,年轻人那黑黝黝的脸上泛着光泽,而年纪大一些人的脸上却仿佛布满了一张网,皱纹恣意地延伸,昭显着岁月的痕迹。早晨,我上学从此路过,他们就已经陆陆续续地来到工地,灿烂的阳光照在他们身上,他们便开始了一天的工作。有的铲,有的装,这么大的工程,尽管有挖土机、轧路机等大机器来助阵,但一些细微之处仍少不了工人手工来做。我心想,这一铲一铲地铲下去,要铲到何时呢?但从那些民工微笑的脸上看到的却是自信与坚强。

中午放学回来,太阳放肆地撒着白花花的光。这时这些铺路工人因为炎热和劳累不得不歇了下来,毕竟已经干了一个上午的活儿。接着,有人来送饭,标准的饭盒,装饭的盒子鼓鼓的,装菜的盒子却是瘪瘪的。有时候,也偶尔碰见他们三五成群地到附近的店里吃上一碗香喷喷的格拉条,或者每人来上一瓶冰镇啤酒,叫上一小盘花生米、豆腐皮等小菜。尽管饭菜很简单,但他们却吃得津津有味,三口两口便吃光了。吃完饭,还没休息多久,就又开始工作了。

下午的太阳是最毒的,要不是去上学,我连家门都不想出。可那些铺路工却顶着炎炎烈日继续施工。工地上轰轰隆隆,水泥、沙子不断地从大卡车上卸下来;挖土机不厌其烦地将石子从这边运送到那边,工人们来来回回忙着铺土、浇水。他们的脸上、身上满是水泥、灰土,汗湿的衣裳贴在了背脊上、胸口上,仿佛刚洗过的样子。尽管活很累,但他们的脸上却没有因疲倦而有任何抱怨和不满的表情。也许有时候实在累得不行了,他们也会暂时停下手中的活,买来雪糕每人一个,不吃雪糕的掏出烟抽上一根儿,或者来到大水桶前舀上一缸子水,咕嘟咕嘟喝下肚。他们边吃边聊,爱唱歌的再唱出几段小曲儿,晒得通红的脸上,满是惬意的笑容;幽默地说上一段笑话,逗得大家哈哈大笑,一个个双眼眯成一条缝,非常高兴。

就这样,一晃过了三个多月,他们的工作进度很快,这学期开学后不久,这段宽宽的马路已经呈现在人们的眼前。尽管目前还不能通行,但我知道要不了多久,一辆辆汽车将在这条马路上疾驰,而我也将每天从这条新修的路上上学、回家。对于我来说,这条路带给我的不仅是缩短了上学的路程和时间,我更知道这条马路上曾留下那些民工们无数的汗水。施工队走了,偶尔还会有一两个民工来到这里,是来看看他们那段时间的杰作,还是因为善后工作?都不得而知。但是,有一点很清楚:我们身边的美好事物,都是那些劳动者创造的,每一块砖、每一片瓦,都值得我们珍惜!

指导教师:何家骥

我拿什么奉献给你?

阜阳市实验中学初一(7)班 郭小璇

  落叶在空中盘旋,谱写着一曲感恩的乐章,那是大树对滋养它的大地的感恩;白云在蔚蓝的天空中飘荡,绘画着那一幅幅感人的画面,那是白云对哺育它的蓝天的感恩。因为感恩,才会有这个多彩的社会;因为感恩,才会有真挚的友情;因为感恩,才让我们懂得了生命的真谛。

——题记

  从只会在襁褓中哇哇啼哭,到我们喃喃学语叫出第一声"爸妈",到第一次踩着小脚丫跌跌撞撞地走路、第一次背着书包走向学校、第一次拿回成绩单、第一次离开父母……也许你从没注意到在这无数的第一次中,在这漫长的成长道路上,父母付出了多少心血,倾注了多少爱。你的每一次微笑、每一次成功,甚至是每一次失败、每一次犯错误,父母都会牢牢记在心头,陪在你身边,给予你默默的支持……

  我们从哪里来?听到这个问题,大家肯定都会说,是父母把我们带到世界上来的。是啊,十三年前的一天,我的父母用泪水和幸福的笑容迎接了我的到来。从我来到世上的那一刻起,父母又多了一项繁重的工作——照顾我。尽管这是一种沉重的负担,但从婴儿的"哇哇"坠地到哺育我长大成人,父母花去了多少的心血与汗水,辛苦了多少个日日夜夜,父母却毫无怨言。

小的时候,我总把父母对自己的爱当作天经地义,因为我不了解,也不知道父母的辛苦。现在,我长大了,我知道该怀着一颗感恩之心去体谅父母,应该担当起照顾、孝敬父母的责任。

可是又有多少人是把父母放在第一位的呢?有的人总是不断地抱怨自己的父母这样不好、那样不对,对父母的行为和做法横加指责,甚至于直接与父母顶撞。有些人不知道自己父母身体的健康状况,不记得自己父母的生日,有的连自己父母的工作单位在哪都不知道。想想看,父母为我们付出那么多精力和心血,我们又能为他们做些什么呢?

当我们遇到困难,能尽心尽力帮助我们的人,是父母。

当我们犯错误时,能毫不犹豫地原谅我们的人,是父母。

当我们取得成功,会衷心为我们庆祝,与我们分享喜悦的,是父母。

生活并非想象中那样完美,父母的辛勤是我们无法体会的。我们虽不能与父母分担生活的艰辛、创业的艰难,但我们在生活上可以少让父母为自己操心。当父母生病时,我们是否应担起责任,照顾父母?要知道,哪怕一句关心的话语,哪怕一碗自己泡好的方便面,都会慰藉父母曾为我们百般焦虑的心。

这些生活中的小点滴,我们做到了吗?

    雨季奉献给大地,

    岁月奉献给季节。

    我拿什么奉献给你?

    我的爹娘!

指导教师:李　奇

怀着感恩的心

阜阳市实验中学八(1)班 范雨蔷

"感恩的心,感谢大地,让我一生,有勇气做我自己……"回首间,我仿佛又听见这首歌。是啊,我们需要感谢的很多,很多。我们要感谢上帝,感谢他创造了这个世界;我们要感谢革命烈士,感谢他们抛头颅、洒热血,为我们能够安定地生活打下基础;我们要感谢农民,感谢他们给我们提供粮食;我们还要感谢……有许多人、物,我们要感谢。我们要感谢的很多、很多、很多……

恩情温暖你我他,恩情温暖天下。我们应怀着一颗感恩之心,感恩天下,感恩天下所有所有的人。在社会上有这样一个组织,他们自发地为社会献出他们无私的爱心,这个组织叫"微尘"。"微尘"——一个看似微不足道的名字,但它却是那样的伟大。如果世界上多这么一些"微尘",为世界贡献出自己的一份力。那么"微尘"就不再是微尘了,这个组织就不再是那么微不足道了。我们这个社会的人都要去感谢这些人,因为有了他们,我们这个社会才会那么的安宁。

感恩,不需要金钱,不需要珍贵的物品,更不需要花言巧语。只需要一颗真诚的心。我们要感恩父母,他们养育了我们十几年,为我们流了多少汗水,流了多少泪水,忍受了多少辛酸。我们只需要为父母做一些力所能及的小事,如给父母倒杯茶、捶捶背、拿双鞋等等,这些微不足道的小事,都可以使父母感到幸福、快乐,都是我们对父母感恩的表现。我们要感恩老师,老师为了使我们能够学到更多的知识,早日成才,为我们操劳。我们只有努力修炼自己的品德,刻苦学习知识,提高我们的能力与素质,这才是对老师最真诚的感恩。

我们要感恩,因为如果我们每个人都怀着一颗感恩的心去面对这个世界,面对这个世界上的每件事、每个人,这个世界将会变得更美好。只要我们怀有一颗感恩的心,用这样的心去对待这个世界,将一些微不足道的事做得不微不足道——就像"微尘"那样。

感恩要的不是一句话——即使这是一句非常非常好听的话语。感恩要的是行动,是实际行动。

让我们一起用行动来感恩吧!

指导教师:陶建强

——感恩教育征文选

来自天堂的寓言

阜阳市实验中学八(7)班　宁雨溪

缓缓推开封闭已久的高高木门,伴着苍凉的开门声,一束来自天堂的阳光箭一般直射过来,我不禁慌忙用手挡住。五指的隙缝中流过些许……原来,你竟如此温柔。

——题记

我踮着脚从散发着幽香的书架中抽出一本厚厚的古书,拂去一层灰尘,我怀抱着它,独自细品。那是本千古流传的寓言。不经意间一页书翻落而下,迎着阳光飘向窗外。我匆忙追了过去,措手不及间书被打落在地,任风翻过页页往事:

春·折叠伞

望着窗外的春雨,我的心中早已是乌云满天:今天妈妈不在家,我该怎么办?看着渐渐空旷的教室,我无奈地叹了口气:"飞奔回家!"我的声音不大,但还是惊动了后排的男生,他看着我:"我这儿有一把折叠伞,可以借给你用,租金全免。"我感激地望着他:"你呢?""唉,淋回家呗!"说罢,他真的抓起书包下楼去了,只剩我和那把折叠伞。

夏·荷叶

风在窗外瑟瑟地吹着,黑色笼罩了全世界,只剩一个我还在凄风黑夜中坚守着一份淡淡的光亮。突然,"吱"一声,门开了。

"雨溪,睡觉吧!"一声温柔的话语之后,一股浓浓的奶香飘进我的小房间。每当这时,心中总会升起一丝骄傲与感动。母亲每晚都陪至我入睡,她总是在无微不至地关心照顾我。而处于青春期的我们,总是在用挑剔的眼光看问题,经常为一点小事而大发雷霆,母亲却总是按我的要求努力做到最后,来填补我的空缺。

在公园里,一大群人在欣赏荷花的美丽,但他们往往忽略了荷叶背后的坚持。每朵荷花的鲜艳开放,都有几片荷叶的默默支持。

秋·落叶

一片枯叶从树上飘落,跳着生前最后也是最美丽的一支舞。此情此景,"老师"这个熟悉的字眼再次从脑海中蹦了出来。没有老师一次次的指导、没有老师一次次的鼓励、没有老师一次次苦口婆心的劝说,我们怎能进步!老师就像那蜡烛,那园丁,那灵魂的工程师。更像那飘飞的落叶,默默地奉献自己,从不奢求什么,这才是新新人类要达到的最高境界。

我爱落叶,更欣赏落叶。

冬·明信片

雪花还在无声地下着,我的书桌上飘来一张明信片,粉红色的包装。那是一个山区小姑娘寄来的卡片。你可以看到,上面歪歪斜斜地写了几行字:"谢谢你的帮助,祝姐姐圣诞快乐!"虽然字数不多,但我还是十分感动和震撼。我一个无心的举动温暖了一个山区孩子的心,她懂得说谢谢。花知道感恩,"落花不是无情物,化作春泥更护花";鸟知道感恩,"乌乌私情,愿乞终养",为什么我却不知道感恩,回报别人呢?

世界,因为有爱,而多了感动;世界,因为有感动,而多了感激;谁能说谁没有被爱过,没有被感动过。感恩,这束美丽的火花,也许会在你我的心中悄然燃起……

西方有个感恩节。那一天,要吃火鸡、南瓜馅饼和红莓果酱。那一天,无论天南地北,再远的孩子,也要赶回家。

总有一种遗憾,我们国家的节日很多,唯独缺少一个感恩节。我们可以东施效颦地吃火鸡、南瓜馅饼和红莓果酱,我们也可以千里万里赶回家。但那一切有多少是为了感恩?团聚的热闹总是多于感恩!

感谢别人意味着自己得到快乐,感恩并不需要太多的承诺、太多的美言,它只是通过彼此双方心灵交流的一种方式。

我们知道"饮水思源"的古训,领会"滴水之恩当以涌泉相报"的精神,听过"黄香扇枕"、"陆绩怀橘"、"程门立雪"、"罗汝芳师如父"的故事,传诵过"谁言寸草心,报得三春晖"的名句……这一切都可以浓缩为来自天堂的寓言——感恩。

天堂的寓言,听过、瞧过、领悟过,但就在一瞬间它就飘走了,游远了,风驰电掣般地流逝了……感激之情,无以回报,用行动去证明:人人都有一颗感恩的心。

指导教师:陶建强

绿叶·母爱·感恩

阜阳市实验中学八(7)班　高恒坤

风吹绿叶的声音,是绿叶对树木的感恩;花前花后的忙碌,是蜜蜂对花朵的感恩;诚恳真挚的笑脸,是儿女对母亲的感恩。

——题记

时间的指针不停地转动,几千年间,生命的真谛还在传承,感恩的故事还在上演……

枝间绿叶一重重

当第一抹光线擦亮我的双眼,当第一抹花开的声音叫醒我的时候,抬头望天,一片绿叶闯入我的眼帘。

随风摇曳,支持绿叶的始终是与树木千丝万缕的联系。大树一直尽着她的责任,没有她的无私奉献,还会有生机勃勃的绿叶吗?为了绿叶一直它努力吸取养料,经常与雨雪冰雹抗争,也少不了与电闪雷鸣为伴。

时间造就一切,时间让绿叶读懂一切!

看到了树的奉献,体会到了树的坚持,领悟到了生命的真谛。绿叶不禁反问自己:"为什么自己心中会有一股酸酸的味道,呼之欲出,为了树我又能做些什么呢?为了树我一定要做些什么!"

于是,暴风骤雨中多了一份坚持的力量,电闪雷鸣中多了一个摇曳的身影,万里无云的晴天里多了一份努力的辛勤。绿叶一直努力吮吸着空中的气息,努力制造养料给大树,同时也给自己。

时间总是过得很快,到了肃杀的秋冬之交,是绿叶该落下的时候了,绿叶还有一丝遗憾,在生命的最后一笔中,他说:"感恩的感觉真好!"便随着风飘落在树根下。

但是,绿叶并不知道感恩其实还在继续——绿叶不是无情物,化作春泥更护树。

感恩是一份永久的坚持,拉近彼此之间的距离;

感恩是一片摇曳的身影,覆盖彼此之间的心灵;

感恩是一次无私的奉献,洋溢着生命的真谛。

临行密密缝·意恐迟迟归

一杯咖啡、一盏台灯、两个身影,陪我度过了一个又一个寂静的夜。孤独不曾光临过我,那是因为母亲的存在。有人说我还未长大,有人说我太过依赖,有人说我不能自立。这些仅是表面,母亲为了让我好好学习,付出了一切。默默忍受着夏天的炎热和冬天的严寒。蓦然回首,记忆中承载了太多太多有着母亲汗水的片断。在我所处的年龄段中,有过反抗,有过叛逆。莫名其妙地发火,使我的生活支离破碎。是母亲在一旁努力地修补着、修补着……我突然发现自己的无知、软弱、愚蠢……

这些刻骨铭心的片段,是那么让我难以忘怀。是母亲为我撑起雨伞,是母爱为我缔造天堂;是母亲为我缝缝补补,是母爱为我无私奉献;是母亲为我付出一切,是母爱为我的青春年华买单!

谁言寸草心·报得三春晖

乌鸦反哺,是儿女对父母的感恩;羊羔跪乳,是儿女对父母的感恩;田世国捐肾救母,是儿女对父母的感恩;黄香扇枕温衾,是儿女对父母的感恩……

母亲为我做得太多,我不知道自己应该做点什么?孝是中华民族精神中亘古不变的真理,孝是永垂不朽的灵魂,孝是对父母养育之恩最好的回报。

带着疑问,在黑夜中漫步,抬头望天,看到如诗般的天空中缀满了星星。小星星一直围绕着大星星运动,虽然很慢,但总不离不弃,不舍不分。

回到家,却难眠,脑海中呈现出母亲、父亲的形象,甜甜地笑着……这一刻,世界静了,时间成了唯一,短暂成了永恒。

指导教师:陶建强

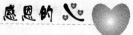

妈妈,您辛苦了

阜阳市实验中学八(3)班 王 雨

亲爱的妈妈:

您好!

"世上只有妈妈好,有妈的孩子像块宝。"每当想起这句歌谣,我都会为有您这样的妈妈而感到自豪。

您是天底下最普通的母亲,您又是天底下最伟大的母亲。您用您无私的爱滋润了我,您用您辛勤的双手使家庭温馨,您用您的认真严谨改变了一个公司的效益……您,改变了一个人,改变了一个家,改变了一个公司,甚至改变了一方百姓的命运。您献上了您的双休日,您献上了您的青春年华,甚至献上了您的全部,这一切都是为了他人。您的无私奉献感动了每一个受益者,您为我们上了人生的一课,妈妈,您辛苦了!

记得那是一个大雪纷飞的夜晚,天气异常寒冷,我身体非常疲倦,但没有一点睡意,也不想躺在被窝里取暖。学习的压力让我不得不睁大双眼看着桌上那道惹人讨厌的数学题。"这道题为什么这么难?妈妈为什么不在家?"哎,好像这一切都在与我作对。大雪仍在飘飞,十一点的钟声已经响起,可这道题却一点也没有眉目,该怎么办?睡觉还是就这么熬下去?就在我举棋不定时,您走进来了。您看了一下桌上那道题和数不清的草稿,心中已明白了几分,于是对我说:"不会算了,这么晚了,洗洗睡吧!明天早上我讲给你听。"我像一只听话的小绵羊,倒头就睡了。睡梦中,只听到"砰砰"两声,不知哪个捣蛋鬼半夜三更还放炮,我睁开那朦胧的双眼,咦,大厅的光怎么还亮着?我心里一颤,是小偷、强盗,还是拐卖儿童的坏蛋?我小心翼翼地打开门,我看到的是您,只见您还在电脑前忙碌着,旁边还放着我那道未完成的题。"妈妈!"我叫您一声,只见您慌忙关掉电脑,问我这么晚还起来干什么?那时间,我才领悟到您背后的艰辛。那一刻,我才知道您有多么累。妈妈,您辛苦了!

还有一次,快毕业了,老师想再开一次家长会,总结一下学生六年里的表现。记得当时,您正在忙于一份棘手的保单,投保人到公司闹了几番,还威胁说不全额退保,他就去法院投诉。那个投保人其实也很冤,因为当时他买保险时,卖保险的人是答应五年后会连本带利奉还。可是到了第五年,卖保险的人不干了,而公司也没有像卖保险的人吹得天花乱坠的保险。这不,投保人来取钱,取的没有像卖保险的人说的那样好,客户不愿意。按照条款,您细心地和客户解释,把这份保险的利益和优势又重新讲解了一番,一趟一趟往他家跑,终于您解决了他的思想问题。客户在乡下,那几天,骄阳似火。您又城里乡下地跑,皮肤晒得很黑,这不算什么,有时您还得受客户的奚落。现在我告诉您,老师要开家长会,这不是给您添乱吗?本不想叫您去,可您不去谁去呢?我只好硬着头皮和您说老师要开家长会。没想到您竟然爽快地答应了。去开家长会那天上午,您终于劝说好了那位客户,从客户家回来大约已经下午两点。您饭都没有吃,就慌忙赶到学校来参加家长会,还说:"这可是大事,从今天起,你就告别童年,成为中学生了。"开完了家长会,劳累和困倦让您回到家就睡觉了。是呀!因为那位客户,您已经两天没睡上安稳觉了。可是第二天,您一大早就起来了,把我叫醒,并告诉我假期不是偷懒的时间,而是强身健体补缺补差的好机会。这就是我的好妈妈,一个爱子女、爱家庭、爱公司的好母亲、好妻子、好员工。我真想大声喊一声:妈妈,您辛苦了!

　　祝您:
身体健康,万事如意!

永远爱您的儿子:王雨
2010 年 1 月 9 日夜

指导教师:何家骥

明亮的高音区

阜阳市实验中学七(8)班　李淑杰

母亲永远是我最爱的人,她的外向与父亲的内敛截然相反,如果家庭是一部交响乐,那么母亲便是这首旋律中给人印象最深的"高音区"。

母亲今年已经三十六岁了,当年的"美少女"如今变成了"老妈子"。每当写起关于感恩母亲的作文,就不知从何下笔。这时母亲总会说:"难道我对你的爱还少吗?"随后,我会一笑而过,辩解说:"哎呀,我哪能记起那么多?"但是,母亲,您哪里知道,正因为多,我才不知如何下笔呀!

从小,母亲总是克勤克俭,并说:"钱来之不易,现在挣钱可辛苦了,不能乱花钱。"但是,只要见到漂亮的适合我穿的衣裳,无论要花多少钱,她都会毫不犹豫地给我买。而她自己,春夏秋冬的衣服总共也不过只有十多件。

我渐渐地长大了,母亲却变得苍老了,但是母亲对我的爱从未改变。每次和我谈心时,她总会欣慰地说:"有你这个乖乖女真好,虽然为你操心劳神,但只要你健康快乐,妈妈也就高兴了。现在,像做梦似的,你都长成大孩子了,可是在妈妈眼里,你永远都是一个长不大的小不点儿。"听完后,我总会有种说不出的感觉。这段话,我从未听厌过,不知不觉,已听到了入学考试那天。

那一天,天阴沉沉的,接着还下起倾盆大雨,那"哗啦啦"的下雨声简直比野兽的嚎叫声还可怕。"真糟糕,怎么赶上了这么讨厌的坏天气!"我小声埋怨着,不想去参加考试,可是母亲却坚持一定要让我去"活受罪"。在路上,雨愈下愈大,恐怕这雨要连续下几个小时了,真后悔当了"小羔羊"。

终于来到了十中的大门口,我急忙拎起手袋,向教室奔去,只留下母亲在大门外拥挤的人群中挨冻。差不多从早上八点钟开考,一直考到上午十点半才结束,可是一出教室,讨厌的雨还在"哗——哗"地下个不停,我又匆匆地奔向大门口。

这时,我看见母亲仍撑着伞在大门外等待,她身上的衣服已经被淋湿了。顿时,我鼻头不禁一酸。来到母亲身边,我刚想开口,却被她的话打住了:"淑杰,冷了吧,叫你早上多穿一点,你偏不听。来,穿上我的马甲,要是你冻感冒了怎么办。看看,衣服都潮了。"说着,母亲脱下了她衣服最外层的马甲。马甲湿湿的,也难怪,母亲在门外站了两个多小时,衣服不被雨水淋湿才怪呢!"可是,妈妈,我穿了,你怎么办?会受冻的。""我没事,你看我那么胖,身上那么多脂肪,会冷吗?"我们都笑了。

路上,我牵着母亲的手,她的手冰凉,凉得感觉真像放在冰箱里的速冻水饺。我看着头顶的那把紫色的雨伞,发现它竟是朝着我这边倾斜的,难怪我淋不着。但是母亲的衣服早已湿透,那把雨伞没有为她服务。我心疼,情不自禁地握着母亲拿伞把的手,轻轻地向她那边挪动了一下,但是刚过了半分钟,母亲拿伞的手又回到了"原点"。母亲,您让我如何来形容您呢?

看着母亲如今的容颜,我忍不住默默地向上天许了一个愿,母亲永远都不会知道我美好的愿望,因为在任何人看来,它都是荒唐的,那就是我不想长大。

为什么我的愿望会是这个呢?因为如果我长大,那么,母亲就会越来越老,直至死去。我不想母亲老死而去,我还想在她怀里做永远的小不点,对母亲撒娇一辈子!母亲眼角的皱纹,记录着我的成长;母亲秀发中的白丝,渗透着我的烦恼;母亲眼中的深情,更写着对我今生无休止的牵挂……

母亲是永远最疼爱我的人。家庭交响乐的主题是"爱",母亲,这个明亮的高音区给我一种柔美的感受。而那高音区的歌词呢?看看母亲深情的双眼,再听听自己的心跳,感受到了吗?

指导教师:李　奇

鸟巢·母爱

阜阳市实验中学初二(8)班 李子千

"砰!"随着一声闷重的关门声,我快步走出家门。泪水从脸颊簌簌地落下,满腹的委屈却不知该向谁诉说……

一个星期前学校举行了期中考试,同学们忙得不亦乐乎,都在紧张地复习着。考试前,妈妈对我说,如果能考进年级前50名,就给我买那部我喜欢的MP5。想起MP5那精美的外形,我不禁有些欣喜,也多了几分信心。考前的复习是忙碌而辛苦的,但是一想到妈妈的话,即使每晚到深夜我也坚持着。今天,成绩终于下来了:年级47名,我既激动又惊喜,那部MP5便又浮现在眼前了。想到它即将属于自己,我更是感觉无比甜蜜,将考卷与喜悦一同装入书包哼着小曲蹦跳着回家了。到了家,我便迫不及待地大喊着冲进厨房告诉妈妈这个好消息,而妈妈只是淡淡地答了一句:"知道了,考得不错。"我便又兴奋地大嚷着:"那MP5呢?什么时候去买?""MP5?"妈妈有些疑惑。"对呀,考试前您说……"我不免有些急了。"噢,那个啊"妈妈恍然大悟似的,"那只是想让你考得更好些,学习更努力些罢了。"妈妈边切菜边说着。"什么?那……那就不买了?"我惊诧地问。"对呀,上学是为了自己,什么礼物礼物的,哪有那么多要求……"想起考试前我每晚付出的辛苦,每天用功学习与背书,而如今希望却成了泡影,我又气又恼,将书包甩在地上,猛地拉上门,呜咽着跑了出去。

　　路上行人稀稀疏疏,都急着往家里赶。我揉着眼睛跑进了旁边的树林内。深秋已至,地上落叶积了厚厚的一层,秋风有气无力地吹着,掠过树梢又卷起几片残叶,打着旋儿在空中飘零,如同无家可归的孩子,寻觅着自己的归宿。我扶着一棵老树,粗糙的树皮仿佛记录了岁月的沧桑,深深地融进了我的心扉,唯有那失意萧瑟的秋风在低吟。

　　不知过了多久,我止住了泪,也许是秋风拂走了它,拂走了我的悲伤。忽然,不知何处传来一声尖细的鸟鸣打破了这宁静,我循声望去,只见不远处的树上有一只鸟窝,几只雏鸟在巢中"啾啾"地叫着,嫩黄的小嘴张得很大,扑腾着毛羽未丰的雏翅,像在迎接着什么。噢,原来是母鸟回来了,嘴里衔着什么食物。只见母鸟耐心地咀嚼了几下食物然后吐出来去喂雏鸟,尽管几只小脑袋争先恐后地伸向母鸟,但母鸟仍细心地去喂每一张小嘴,眼里流露着慈爱与关怀,注视着每一只吃食的雏鸟。刚刚喂完食不久,母鸟又飞离了窝巢,飞向雾蒙蒙的远方,也许去寻找下次的食物了吧!

　　看着看着,我不禁想到了自己的妈妈,从刚出生时起,妈妈便无微不至地照顾着我:教我走路、教我说话、教我识字……每个阶段的成功都使妈妈欣喜。上学后,妈妈每天起早贪黑,给我做饭、为我洗衣、送我上学,只要我成绩好,妈妈便总是快乐的。妈妈为我的成长与上学付出了许多,却从未叫过一声苦和累,更别提回报了。而如今我却用在妈妈给予我的鼓励下取得的成果向她索取回报,那么她又该向谁去要回报呢?想到这儿,我又流泪了——不是伤心的泪。

回家的路上经过一家鲜花店,我便走了进去。

"小姐,我要买花。"

"请问要什么花?"

"康乃馨。"

指导教师:陶建强

慈母手中线,游子身上衣。
临行密密缝,意恐迟迟归。
谁言寸草心,报得三春晖。

天使请帮我爱他

阜阳市实验中学七(6)班 殷筱毓

我在他的怀里睡着,

很静很静。

春天来了,

我坐在他脚踏车后面。

他的心中春风在荡漾,

他的眼中只有我。

我的父亲,不善言语,不会安慰人,他只能默默地爱着我,偷偷地陪着我,看着我把爱献给妈妈。

春姑娘来了,我们一家去放风筝。他把风筝放起来,便交给我和妈妈,自己默默地坐在一旁,看着我和妈妈开心地在草地上奔跑,看着阳光照耀在我们灿烂的笑脸上,他便很宽慰地笑起来。当风筝线突然断了,风筝随风远逝时,我着急地哭起来,妈妈为我擦干泪水,安慰我。当我已经放弃时,爸爸灰头土脸地提着风筝出现在我面前。那时,他很高大,在我眼中。

冬天,雪花已在飞扬,早已夜深。我卧室的灯还在亮着,看着写完的作业,我打着呵欠。看见爸爸、妈妈睡得很香,我很满足,便在爸爸轻轻的鼾声下甜甜入睡了。就这样,一天又一天,迎来了期末考试,当我把成绩单给爸爸看时,在看着他灿烂笑容的同时,才注意到,他眼中布满了血丝,黑眼圈也很重。我很奇怪,他每天睡那么早,怎么还这么疲惫呢?后来,我才知道,他的眼睛有病,每天只能睡四五个小时。他知道我怕黑,便故意发出鼾声来陪伴我。等我入梦时,他才能真正入睡。他这么做只是为了我,为了培养我学习的自觉性和主动性。他这么爱我,可我有时还与他吵架,我觉得很愧疚。

　　爸爸眼睛做手术了,看不见。我想这是个报答他的机会,便留在医院照顾他。早晨,我早早地起床,把病房的东西收拾好,就下楼给爸爸买饭;买饭上来,就给他摇升病床,一口一口地喂爸爸吃完后,我把碗洗干净,就开始写作业。爸爸渴了,就倒水给他;想去厕所,就扶着他去。下午,爸爸寂寞了,就读书给他听。几天来,天天如此。通过这几天照顾生病的爸爸,我才明白,全心全意地照顾一个人有多么累,把全身心的爱奉献出去又是多么苦。爸爸也是如此吧。

　　　　　　父爱似山,抵挡一切。
　　　　　　父爱似水,轻柔而温暖。
　　　　　　我,只是一个孩子,
　　　　　　如何能够还清父爱的账?
　　　　　　所以,天使请帮我爱他。
　　　　　　但,请留一点,
　　　　　　因为,
　　　　　　我爱他!

指导教师:郭　艳

学会用感恩的心对待生活

阜阳市实验中学七（8）班　杨显龙

"感恩的心,感谢有你,伴我一生让我有勇气做我自己。感恩的心,感谢命运,花开花落我一样会珍惜……"每当这首充满感情的歌声飘荡在我耳边时,我的思绪便会伴随着它悠悠飞扬……

记得上小学时,有一段时间我迷上了电脑游戏,学习成绩急速下滑。父母或苦口婆心地劝导,或严厉无情地呵斥,但都没能让我醒悟,反而让我心生怨恨,认为父母不疼我,于是我常常故意和他们作对。

但一个夏天的夜晚,却让我深深体会到了父母对我的疼爱之心。

那是非常热的一个夜晚,我刚刚睡下。突然停电了,空调停止了运转。朦胧之中我却依然感到阵阵凉爽的微风吹拂着我,伴随着我进入甜甜的梦乡。

清晨,我睁开双眼,映入眼帘的首先是爸爸通红的双眼和疲倦的脸,原来爸爸和妈妈为了能让我睡个好觉,不影响第二天的学习,他们轮流用扇子为我扇了一整夜。

我的眼眶湿润了,忽然间感觉到他们传来的气息,是那样的温

暖,那样的浓郁。这是令人终生难忘的爱的气息。就在那一刻,我暗自发誓,一定不能再沉迷网络,一定要好好学习,将来学有所成,做一个有用的人,来报答父母对我的爱。

从那以后,我便明白了人为什么要学会感恩。

正因为学会感恩,人们才会感谢父母赋予了我们来之不易的生命,才会发自内心地去敬重和孝顺父母;正因为学会感恩,才会感谢老师为我们付出的辛勤劳动,才会努力学习,以取得好成绩来报答他们的栽培之恩;正因为学会感恩,才会热爱生养我们的这块土地,才会格外珍惜身边的一草一木。

只要我们留心,就会发现感恩无处不在,生活处处离不开感恩。

在你成绩到达期望的顶峰时,你需要与人分享喜悦;在你遭受挫折失败时,你需要与人分担忧愁;在你最困难最需要帮助时,更希望朋友能伸出友谊的援手。

但当有人与你分享喜悦、分担忧愁、伸出援手后,你是否会想到感恩呢?我想应该感谢他们,因为正是他们让你感受到世界的美好。

不仅仅是身边的亲人、老师和朋友,对大自然、对身边的万物,也应懂得感恩。

大自然给了我们水和食物,它是我们生长的必需;大自然给了我们风、雨和雪花,它是我们灵感的源泉;大自然给了我们鲜花和树木,它装饰了我们美丽的家园。

感恩大自然,哪怕只是在心中生出对它的崇敬之情,哪怕只是保存它的一片圣地,一片洁净。

朋友,学会用感恩的心去对待身边的一切吧,好好珍惜现在拥有的。学会用感恩的心看待生活、看待社会、看待老师、看待父母、看待亲朋,你将会发现自己是多么快乐!

指导教师:李 奇

学会感恩吧

阜阳市实验中学八(4)班　葛广玉

在世界上的多种爱中,至深至纯的爱是母爱与父爱。这种爱是无私的爱、永恒的爱、不求回报的爱,也是无微不至的爱。母爱如水,往往温柔细腻;父爱如山,往往深沉严肃。

记得去年的秋天,在一处小区门前,停了一辆全新的宝马车,车旁站着一位白发苍苍的老人,车里一位小男孩喊着:"奶奶,奶奶,快上来,我们一起去玩。"奶奶回答说:"孩子呀,奶奶年纪大了,腿脚不方便,奶奶去了你们会玩得不尽兴。"车门打开了,奶奶的儿子走下车说:"妈,车上装了好多东西,路途又远,你就别去了吧。"奶奶回答:"好呀孩子,妈不去了,妈在家里做好吃的等你们回来。"我看到那辆车关上车门,就那样一路扬尘地开走了。等车开远了,那位白发苍苍的老奶奶才低着头,抹着眼泪走进了家门。

当时我就在想,那位老奶奶,真的是因为年纪大了,腿脚不方便,不想跟他的儿子、孙子一起去玩吗?真的是那位老奶奶嫌路途远而不想去看看那现在没有看过,将来也许仍没有机会看的美好的风光吗?我想可能都不是,那是为什么?就是因为那开车的儿子不会感恩。

就在去年的秋天,我上晚自习,回来得很晚,当时外面下着大雪,我走到离家不远处,看到妈妈正向我招手,我高兴地连走带跑,到了妈妈身边。可不知怎么了,妈妈却刷的一巴掌打到我的脸上,责问我为什么不按时回家。我当时不理解,就哭着跑了出去。妈妈在后面追,喊着我,让我赶快回去。我躲在一处砖墙后面,我发现妈妈哭了。我当时哪能理解,母亲那一巴掌蕴含了多少的爱,多少的牵挂。

同学们,你们有多少人在家里跟爸爸妈妈顶嘴、吵架,甚至看不起自己的爸爸妈妈?有一个同学说:"我和我爸爸妈妈没法沟通,他们什么都不懂。"你知道你在说这话时多缺德呀!如果你爸爸是个工人,他每天拼命地加班;如果你爸爸是个农民,他每天面向黄土背朝天,辛劳地耕种。他们非常辛苦,供你们吃,供你们穿,他们的辛苦你们想过吗?

爸爸妈妈为了孩子,可以舍弃一切,而我们往往却忽视这些。曾看过这样一篇文章,说是在一个不算富裕的小镇上,一个女孩跟自己的妈妈吵架,妈妈告诉她说:"孩子!你都读高中了,妈妈每天给人家打工,妈妈下岗了,给人家当清洁工,一个月才几百块钱,你考试考这么差的成绩,妈妈多难过呀。"这女孩不但没能体谅妈妈的心情,反而把门一摔,就离家出走了。十几年的养育之恩,这样一摔就放弃了。妈妈发动全家人去找,也找不到这孩子。晚上七八点钟了,这女孩又冷又饿,心里恨着自己的母亲,流着眼泪走到一个大排档里,看着人家吃东西,眼泪汪汪地站在那里,好心的老板端来一碗面,走到她跟前说:"孩子呀,是不是跟家里吵架了?快吃了吧!"那女孩狼吞虎咽地吃着,吃完后"扑通"一声跪到地下对老板说:"老板,你是我的恩人啊,你比我妈妈好多了。"老板听孩子讲完,说:"孩子呀,就凭你说的这些话,这碗面我就不该给你吃。你连我姓什么、叫什么都不知道,我就成了你的救命恩人了。你妈妈从小把你养到大,吃了那么多的苦,你怎么不感谢你的母亲啊。"那女孩恍然大悟,急忙跑回了家。

　　同学们,我们要好好珍惜这份爱,不要等父母离去的时候,我们才恍然大悟,"树欲静而风不止,子欲孝而亲不待",他们为我们辛劳,为我们担忧,我们要有感恩之心啊!

指导教师:何家骥

感恩教育征文选

要感恩，不要感恩节

阜阳市实验中学八(1)班　朱博文

　　题目的前半部分要表明的意思很明确：一个国家既然需要人民树立感恩之心，那就说明我们已有不少人缺少感恩之心。

　　近年来人们对感恩社会、孝敬长辈等事的关注加强了不少，一些"社会主义建设者、孝敬长辈好子女"的报道也常见诸报端。我虽然对这些人持有敬意，却很难那样追捧他们：社会给了你生存的机会，如果不致力于建设一个健全的社会，你拿什么保障生活？父母给了你生命，又把你抚养长大，当父母老时你却不担起赡养父母的责任，不做个孝子，你又怎么对得起父母，怎么对得起自己的良心，又拿什么教育自己的子女呢？

　　人不能老是抱怨，必须事事用颗感恩之心来对待。比如贪官横行乡里，不能因此而痛恨党和国家，你要多想想中国在党的领导下发展多快，生活多美好。你还要想：是因为下面的官员有问题，而上面的指示是挺正确的，错误只存在于下面的执行中。再比如，学校让我们买资料，我们也不能因此痛恨党和国家的教育制度，你要多想想国家对教育的重视和对教育的拨款，虽然拨款远比不上国家更新武器装备的费用，其中还有相当一部分富了教育局，但那毕竟是少数,我们学生还是少打听这些,老实学习为好。

你瞧,有了感恩之心,又有什么解决不了的"如果"呢?

题目后半部分则并非单指"感恩节",也不是完全"不要"。我只是希望人们别对"外国的"这三字热昏了头而良莠不分,"媳妇"还是自己的好。

外国文化也有很多值得我们学习的地方,但问题是我们现在学习的只是形式而非内涵,外国的好东西一到中国就常被人学过了头,学变了性。就像钱钟书所说:"中国真可怕,外国的东西,来一件,毁一件。"

不仅毁了外国的,本国文化也不幸被祸及。比如前一阵子过春节,恰巧新春那天又是情人节,那么是祝"情人节快乐"还是"春节快乐"呢?春节不像春节、情人节不像情人节的情景就这样交织而成,别扭极了。

对于街上匆匆走过的那些人来说,春节大约是喧闹的人群、哄抬的物价、半个月的假期和打不着的士罢了。可怜他们生活在东、西方文化的碰撞中,撞昏了头,才会像邯郸学步。学不会别人的步,又跟不上了自己的步,那你就只配爬了!

回头看看历史,我们走了太远,已忘了为何出发。

指导教师:陶建强

一滴水，一个世界

阜阳市实验中学八(7)班　朱　宇

世间万物因水而生，因水而来。而谁，是那第一滴水，造就了这整个世界。

——题记

一、春花

春风吹拂大地，抚开了一朵朵灿烂的花，红的、黄的、粉的、白的……蝴蝶在翩翩起舞，蜜蜂在花丛中采蜜，蜻蜓在微风中追逐。它们懂得感恩，所以为鲜花散播种子。春天的世界，因花的存在而美丽，因感恩者的存在而多彩。

春风停了，蝴蝶、蜜蜂、昆虫也都散了。昔日的鲜花，独自凋零在风中；飘落的花瓣，落地，成泥，化尘。

呵！从土地中得到的，终归是要还的。花知道，人亦应该知道，花有一颗感恩的心，人，又如何呢？

春，淡出了舞台；紧随其后，炽夏登场。

二、夏蝉

赤日悬于当空,阳光,放肆地射向大地,也许这并不是它的本意。树,越长越旺;蝉,越鸣越响。

短短一夏,却要在黑暗的地底下苦等十七个年头,这就是蝉的生命。也许,上帝很吝啬,只给了它一个夏;也许,它极懂感恩,因此不敢丝毫懈怠。它竭尽全力,鸣了一夏。它不怕被天敌发现,它的生命本就如此短暂。

卵,起点。

幼虫,十七年。

成虫,一夏。

接着,即是死亡。

夏退了,蝉眠了。从树上,又坠入泥土。始于土,归于土,我想,这就是蝉的感恩。

三、秋叶

它也有过雄心壮志,它也曾风华光彩,但如今,它只能随风飘落。

秋叶,即使枯黄,也要学着蝴蝶,翩翩起舞,留下那最后的精彩。

慢慢地,慢慢地飘落。

它要对这个世界充满着感恩。

四、冬雪

绚丽的六角冰晶,是怎样的鬼斧神工所缔造。漫天飞舞,飘飘扬扬,未若柳絮因风起,也许,就是这样的诗情画意。

何必呢,何必呢,只是一个冬,难得的六角冰晶,却在春来之际化为一滩水。

这,也许是她的报恩,感恩大自然给她那一刻的绚烂。

一年之际,春雨而始,冬雪而终。

雨,雪,皆为水。

世间万物,始于水,源于水。有了水,才有了世界。而谁,又是那第一滴水。

感恩第一滴水,感谢她缔造了整个世界。

指导教师:陶建强

拥有感恩

阜阳市实验中学七(8)班　李淑婷

许久没有探望水仙花了,也不知道它们长大了多少。记得刚买来时,它们还是一簇幼芽。再次走向客厅,一阵香味扑鼻而来。呀,水仙花开了,花瓣上还有水珠呢!洁白的花瓣朴素而高雅。在原来的茎叶旁,又长出了一批新的花,长得比老花还要高,幼花护着老花,还不时地向老花滴水,温润她那已老的容颜……我的心忽地被触动了——这就是感恩?

想到小时候,总喜欢在月光下静静地思考着:什么叫感恩?偶然的一天,我读到了这样一个故事:一个小男孩在花店里选花,在康乃馨前久久不动,引起花店老板的注意。老板问:"孩子啊,你想买这束花送给谁呀?"小男孩犹豫了片刻,嗫嚅着说:"送给妈妈,今天是母亲节。可,可是我没钱。"老板心一动,将康乃馨送给了小男孩。小男孩穿过小巷跑上了一个小山坡,来到一座新坟前,虔诚地将花放在墓前,喃喃道:"妈妈,您说您最喜欢康乃馨,以前您总说我调皮不听话,后来……有一天您躺在地上睡着了,怎么也不醒……"小男孩似乎在竭力忍住眼眶的泪水,问道:"如果以后我听话,不调皮了,您会醒吗?您说过好孩子要学会感恩,妈妈您就再也不会沉睡了吧……"读到这儿，一股暖流涌上心头，泪水模糊了我的双眼，短短几分钟，却让我明白了感恩的真正意义。

从我们呱呱落地，便开始接受家人赐予的爱。吮着母亲的乳汁离开襁褓，揪着父母的心迈出人生的第一步，在甜甜的儿歌中酣然入睡，在无微不至的关怀中茁壮成长……其实，我们无时无刻不在接受爱的洗礼。同时，我们也要学会感恩。在寒冷的冬天，为母亲打来洗脚水，陪母亲谈心；在炎热的夏天，为奔波回家的父亲递一条凉毛巾，打来一盆洗脸水，这都是感恩。感恩是池中鱼对水的回报，是树上鸟对叶的歌颂；是生活中我们对所有爱我们的人一个笑脸、一句温暖的话、一杯浓香的茶、一条凉爽的毛巾……

每当回想起母亲小时候和外婆的故事，我的眼前总会浮现这样的画面：在一个风雨的日子里，在一条泥泞的小路上，伞下有一对母女。母亲一手提着为女儿准备一周的食物，一手为女儿撑着雨伞。依偎在母亲身边的女孩虽然行走艰难，却感觉很温暖。就在这条小路上，留下母女俩无数的脚印，伞下的女孩就是我母亲。母亲小时在县城上学，由于生活拮据，外婆总会在家为母亲做些吃的带上。现在一到假日，母亲总会去照顾外婆，不管是严寒还是酷暑，不管是风雨还是冰雪，母亲从未间断过。母亲告诉我，这就叫感恩。

学会感恩吧！学会给爱我们的人加倍的关爱，学会去感谢一切爱过、疼过、给过我们帮助的人，这样我们的生活才会更加美好！

感恩是一把精神钥匙，它能让你拥有崇高的精神，更能让你拥有灿烂的生命。所以，我坚信：感恩是我们人性中最美、最亮的，最值得我们歌颂和信赖的！拥有它吧，像水仙那样，向所有给予你爱的人——滴水，滴出花儿的芬芳！

指导教师：李　奇

油灯·母亲

阜阳市实验中学初二(4)班　程杰英

搬家的时候,我看到一盏油灯,它静静地躺在旧屋堆放杂物的拐角处。

搬入新家后,我将它安顿在拥挤的书桌上,它在周围都是现代化物品的对比中静默着。葫芦形的灯盏里还留有些许煤油,像树叶状的灯架已是锈迹斑斑,棉纱的灯芯已经泛黄,灯罩上也布满了灰尘。也许,看到它的人都愿意将它当成一件纪念品或其他有特殊意义的东西。而我更愿意把它当成一盏灯,一盏闪烁着温暖、关爱与期望、指引着我前进的灯。

每次回家,我都会将它点亮一小会。在昏黄的灯光下,任记忆穿越时空,然后默默地定格在一个已经久远的村落。深深的黑夜模糊了时间与空间,也模糊了现实与梦境。在模糊的灯光里,我时常能读到一种叫做"母爱"的东西,那么清晰,那么深刻!油灯、母爱与我的生活便像电影一样一幕幕展开……

母亲是一个朴实的庄稼人。没什么文化,行动中却时常闪现出智慧的影子。那时的农村房子都是用土坯砌成的,房子周围栽着大片的树木,像一个个忠诚的卫士守护着宁静而陈旧的村庄。

父亲在离家不远的地方开商店,两个姐姐也都在外上学。家里只有我和母亲。母亲每天除了种庄稼、养鸡鸭,还要担任家庭的"外交官",亲戚家生孩子啦、搬新房啦,母亲都要考虑到。在母亲的身上,我时常看到一种叫"刚强"的东西。也正因为如此,很小时候,母亲便"逼"着我做家务。在我做错事时,小错则骂我几句,大错便罚我跪。那时我对母爱的感觉是简单而且麻木的,甚至感觉不到母亲是在爱我,有的只是想要走出家门的渴望。

快小学毕业时,我的作业渐渐多了起来,于是每到夜晚,母亲便陪我在昏黄的油灯下做功课。无论严寒还是酷暑,母亲没一次"缺席"。在我的案头上放一杯热水后,她便拿起她的针线活忙碌着,没有任何华丽动听的语言,只是让我学会坚持,学会刻苦。做作业间隙,我会抬头看母亲。尽管那时我已经学会了思考,尽管我时时在寻找如《世上只有妈妈好》般强烈而深刻的母爱而无所得。可慢慢我却懂得了这是爱,这是一种任何人也无法替代的母爱。在平淡的生活中理解了母亲,在平平淡淡中我感受到了母亲对我强烈的期望与深沉的爱。这时我终于明白,母爱是什么。

悠悠的云里有淡淡的诗,淡淡的诗里有绵绵的爱,绵绵的爱里有深深的情,深深的情里有浓浓的意。尽管我不会再用那盏灯照明,但我却要将它放在案头,放在心里。让母爱般的灯照亮我的窗口,点燃我的黑夜。让我时刻惦挂着母亲,在母爱的关怀下茁壮成长!

指导教师:何家骥

有我陪着你
——给小希的信

阜阳市实验中学初二(4)班 赵 阳

小希：

小学三年级，我认识了你。那年，我刚转到这个班级，陌生的老师、陌生的同学，连空气都是陌生的……你走过来，轻轻地问我："你叫什么名字？"

"我？我叫赵阳。"我是那么的胆怯，跟你说话，却没敢抬头看你一眼。

"我叫小希，呵呵，咱们可以做朋友吗？"你笑着问我，语言里充满了期待。

"嗯。"

你又笑了，拉起我的手冲到教室门口，说："那咱们以后就是朋友了，我带你看看我们的学校，那栋楼是……"

你热情地向我介绍着学校里的每栋楼。我抬头，看见你欢快的背影，你把我的手攥得好紧好紧；你回头，我看见你天使般的脸庞和明媚的笑容。

我也对着你浅浅地微笑着，第一次对你笑了，于是，两个孩子在笑声中成了亲密无间的朋友。

　　转眼到了五年级暑假,那天,你来我家住,我们躺在床上,无话不谈。一直到了十二点,我提醒你:"明天还要补课呢,快睡吧。"

　　你却突然问我:"我们会一直在一起吗?"

　　"不会。"我说。

　　"为什么啊?"

　　"不是'一直'而是'永远'。"

　　你"格格"地笑了,说,有我这样的挚友,真好。黑暗中,我看见你的眼角亮晶晶地闪着泪花……我感觉怪怪的:"你怎么想起来问这样的问题呢?"

　　你却转过身去,说:"没什么,早点睡吧。"

　　但我几乎一夜未眠。

　　开学了。我在等着报名的人群里,极力寻找着你的身影,可怎么也找不到。进了教室,我发现你的座位上坐着一位新同学,我突然意识到事情不对,便问班主任:"她为什么没来?她去哪了?"

　　班主任似乎有些吃惊:"她爸妈调到上海工作了,所以她也去上海上学去了。怎么,你们关系这么好你还不知道?"

　　对,我不知道,没人告诉我,你也没有亲口跟我说。没有告别,没有祝福和珍重,你就这样和我不辞而别?

　　虽然后来知道了你的联系方式,但因带着一丝委屈,带着一丝害怕,我终于还是没有足够的勇气拨出你的电话号码。

　　没有你的陪伴,我感到很失落,心里整天闷闷不乐。六年级毕业了,我终于可以去上海看你了。我把家里的事情安排好后,便满怀着激动和紧张的心情到达了上海。这一年你过得还好吗?你交新朋友了吗？学习环境还适应吗？或者你已经忘记我是谁了……我准备了一大堆的问题想问你。我们见面了，可见了你竟不知道如何开口。我们四目相对着，眼神是那么的陌生，我们都说不出话，时间好像回到了四年前的那个下午，我们是如此的陌生。

你却一下子抱住我，说："为什么不给我打电话，我很想你，我联系过你，可你换号了，我有好多好多的话，可没法对你说……"你的声音哽咽起来。

我深深地呼吸着，极力忍住眼眶里打转的泪水不让它落下来，轻轻地拍着你，说："我这不是来看你了吗？刚见面就哭，多不吉利……"

你"噗嗤"一下笑了，说："21世纪了还信这个……"

夜晚，漫步在外滩上，天空下着毛毛雨，晕开了我心头淡淡的愁绪。四处都是流光溢彩的霓虹灯和夸张炫目的巨大广告牌。对岸的"东方明珠"闪烁着，湖上光和影交错辉映。

我们都不说话，但我们都明白了对方，往日的误解已被身边来往的车辆统统带走，我们之间只剩下美好。

小希，别担心，未来的路，有我陪着你。

赵　阳
于 2010 年 1 月 1 日

指导教师：何家骥

感恩教育征文选

在感恩中成长

阜阳市实验中学八(3)班　张锐博

摊开一张情感的白纸,拿起一支感恩的墨笔,写写给我生命的父母,写写给我知识的老师,写写给我温暖的朋友……

我感谢含辛茹苦哺育我的父母。每次回到家,妈妈都早已准备好饭菜,微笑着等着我;每天上学,不管天气多么恶劣,爸妈都一直风里来雨里去地接送我。时间流逝,父母的额头上增添了为我操劳的痕迹。"滴水之恩,当涌泉相报",虽然我现在无力回报他们,但我会一直怀着感恩的心,在不久的将来用自已的行动报答他们的养育之恩。回首过去,我像一只雏鹰,仰望无垠的天空,是妈妈给了我第一次展翅的勇气;反思现在,我像一只幼虎,面对神秘的森林,是爸爸给了我第一次寻求的鼓励;展望未来,我像一只矫健的雄鹰,在那蔚蓝的天空中翱翔,好似一只叱咤风云的猛虎,在那繁密的森林中奔跑。但无论我飞得有多高,跑得有多远,一定不会忘记我那温暖的家,也一定不会忘记给我生命的父母。在我启程之际,我要将家的力量折叠起放在行囊中,如同一枚护身符,勇敢击碎前进道路上的困难和险阻,将迎面的光明与父母一同分享!

我感谢无私奉献的老师。"一日为师,终身为父",刚步入中学

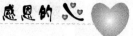

的我,对学习毫无兴趣,把学习当做一种负担。可无论老师多么劳累,每天还依然在众多的同学中把目光聚焦在我的身上。虽然老师都说我聪明、有潜力,但不知为什么,我并不知道努力发挥自己的优势。直到有一天,老师把她自己的劳苦和我的不知情说给我听时,我的眼泪竟突然从眼眶里滑下。这是我第一次深刻感受到老师对我是如此的关心,当时涌上心头的只有一个想法,那就是一定要好好学习,不辜负老师对我的期望。在我青春叛逆期的转弯处,是班主任和任课老师帮我及时转向了学习的"正道",我还有什么理由再让他们对我失望呢?还有什么理由不用感恩的心对他们说声"谢谢"呢?我在十字路口迷茫时,是老师为我树起醒目的标牌,指引我向前;在黑暗笼罩我时,是老师帮我点亮了路旁的启明灯,照亮了我的前方;在我陷入痛苦的荆棘丛中时,是老师向我伸出温暖的手,拉我走出困境……这一切都是老师为我付出的辛劳,难道我不该怀着一颗感恩的心去报答吗?

我感谢亲密无间的朋友。高尔基说:"真实的十分理智的友谊,是人生最美好的无价之宝。"难道不是吗?友谊是人世间最真挚最纯朴的情意,我可以任何时候拥抱它给我的喜怒哀乐。朋友给了我勇气,给了我力量,让我感受到生活的美好和友谊的纯洁。每当受到批评或受了委屈时,我第一个想到的就是找朋友倾诉,因为他们很愿意分担我的痛苦和忧愁,不让我脆弱的心再受打击。我感谢我身边的朋友,谢谢他们和我一起品味生活中的酸甜苦辣。虽然不是战场上同生共死的战友,但毕竟是一起经历风雨共同成长的"莫逆之交"。所以我要用手中感恩的蜡笔画出银河的星星,把那璀璨的一颗献给我的朋友。

搂在我肩上的双臂,风起的时候有多么温暖;伴着我成长的背影，岁月的沧桑挂满了父母的额头……这些将会换来我一生的幸福和快乐！我永远都不会忘记，感谢我的父母！

默默无闻育出桃李满天下，拳拳之志造就栋梁兴中华。在您的日历里只有春天，在您的人生里，只有为我们成长而萌生的喜悦。感谢你，我的老师！

朝霞中，我们携手进校，夕阳中，我们并肩回家；课堂上，有我们互助的身影，操场上，有我们欢快的足迹；比赛时，一个眼神，我们心领神会；实验时，一个手势，我们珠联璧合……多少个朝朝暮暮，沉淀了我们美好的情谊，留下了我们美好的回忆。感谢你，我的朋友！

我感谢我的父母，感谢我的老师，感谢我的同学，感谢他们给了我绚丽多彩的人生，感谢他们让我拥有一颗热忱、感恩的心，感谢他们让我懂得了在感恩中成长！

指导教师：何家骥

做妈妈的树

阜阳市实验中学七(6)班　蒋梦茹

一把提琴，

操在乐师手中，

音乐就动听了。

一支画笔，

握在画师手中，

鲜花就盛开了。

一碗简单的番茄鸡蛋面，

在妈妈手中，亲情就融化了。

晚上正在写作业的时候，妈妈来到我的房间，柔声地问："孩子，作业写完了吗？累不累呀！"我摇摇头，看了看手表，此时已九点多钟了。我摸了摸肚子，又继续埋头做作业，妈妈轻轻地把门关上了。

啊！终于把作业写完了。我走出了房间，却惊奇地瞥见妈妈在厨房忙碌的身影。她的切菜声犹如美妙的音符轻抚我的耳膜，不一会儿，妈妈端着一碗番茄鸡蛋面小心地走了过来。

看着圆溜溜的面条、红色的番茄丝、黄色的荷包蛋，我的泪水在眼里打转。妈妈说:"快吃吧!孩子,一会凉了。"我想这么冷的天而且还这么晚了,妈妈还为我做饭,我终于忍不住流下了泪水。

窗前,

多了一丝清香,

多了一抹墨绿,

同时也多了一棵树。

窗外还在下着雨,我的心已飞出窗外,飞进了妈妈温暖的怀抱里。

那是个大雨倾盆之夜,我睡得很香很香,软软的床被散发着醉人的清香,突然,一阵揪心的疼痛,带来了我撕心的哭声,惊醒了妈妈,妈妈鞋都没穿,赤着脚奔进我的房间,动作利索地拧开台灯。一个劲地问:"孩子,怎么啦?快告诉妈妈?"我说胳膊疼,妈妈轻轻地卷起我的衣袖,我的胳膊居然肿了好大一块,红红的。

妈妈什么也没说,背起我直奔附近的医院。

可能是因为妈妈没穿外套,着凉了。第二天,妈妈发了高烧,看见妈妈难受的样子,我心里真是很不好受,如果不是因为我,妈妈就不会感冒了。

我出生到现在,都是妈妈在为我操心,为我付出,但是我又能为妈妈做些什么呢?

我想做一棵树。妈妈!我要做一棵您的树,它不能说话,但是在风雨来临的时候,它可以挡在您的前面。它不说话,但能撑起一片绿阴。我是您的树,一定要让您在我的绿阴下享受春绿、夏凉、秋爽、冬暖!

指导教师:郭 艳

我的心，流泪了

阜阳实验中学八(1)班　王佳丽

白云拥有蓝天的爱，是辽阔的；花儿拥有大地的爱，是无私的；小鹰拥有老鹰的爱，是严厉的；树木拥有阳光的爱，是温暖的……而我拥有谁的爱呢？

在急切的盼望中，补习班终于下课了，我用最快的速度收拾好书包，第一个冲出教室。想象着今天妈妈给我的惊喜。

咦？都八点十分了，妈妈怎么还没到？她一定给我买好吃的去了，这是我唯一的想法。

眼巴巴地看着同学们一个个地被家长接走，我的心情难免有些失落。在焦急的等待中，半小时过去了。终于，我忍受不了黑夜里的寂静，跑到公话亭，拨打了妈妈的号码。

"喂，妈，你在哪儿？怎么还没到？"

"我在家呢，你自己坐车回来吧……"

还没等妈妈说完，我一股怒气从心底涌起，挂了电话。只觉得我的心从高山跌入谷底，起初的各种想法全都烟消云散了。

怎么会这样？妈妈从来都不会失信的，这次怎么……想着想着,泪水在眼眶里打转,我强忍着,但它始终不听我的指令,终于……

哼,妈妈让我坐车回家,我偏不要,我要让她尝尝等待的滋味。一种极其幼稚的想法出现在我的脑海里。

我独自走在回家的路上,寂静的黑夜里,只听见风婆婆的呼啸声,珍珠般眼泪挂在脸上。真奇怪,黑夜里从不敢出门的我竟没有一丝胆怯。

在漫长的的行程之后,我与家近在咫尺,却感到很遥远。不远处有一个人影若隐若现,突然,我心速加快,慢慢向前移动,原来是妈妈。她站在马路旁等我回去,她看见我后严厉地训斥我。而我却左耳进右耳出,还理直气壮地说:"明明是你自己失信于人的,凭什么怪我,太不公平了。"

妈妈愣住了。我跑回家后,妈妈苦口婆心地向我解释,我没搭理。妈妈无可奈何,气得坐在旁边一声不吭。妗子看着事情闹得不可收拾,急忙告诉我整件事的来龙去脉。

听完后,我后悔莫及。豆大的泪珠肆无忌惮地滚下来。自责与愧疚同时涌起。

回想起这十几年的一点一滴,妈妈无私的付出、辛勤的劳动,把我照顾得无微不至,她获得了什么呢?我是那么吝啬,连一句"谢谢"都不曾给予,而妈妈又埋怨过什么呢?

我的心开始流泪,我无私弥补自己的错误,只能用最普通的三个字来表达——对不起!

终于,一场风波平息了。

我得到了答案,我拥有许多人的爱。整间屋子都装不完,其中母爱令我感触最深。母爱是五彩缤纷的花朵,芳香四溢;母爱是皎洁的明月,点缀黑色的天空;母爱是辽阔的大海,包容我们的过错;母爱是晶莹的露珠,美丽透明……

指导教师:陶建强

带着感恩的翅膀飞翔

阜阳一中高二(7)班　王亚伟

相信吗？世界上有一种投资,它会在未来给你带来巨大的收益,最重要的是这种投资不花钱。这种投资名为"感恩",欢迎社会各界人士前来入股。感恩是阳光雨露,在感恩情怀的滋润下,生命之树才能开出迷人之花。感恩之心是一双隐形的翅膀,带你飞过四大洋跨越七大洲。

感恩之心是对世间所有人所有事物给予自己的帮助表示感谢,铭记在心。《圣经》中有这样一句话:"怀着爱心吃菜也比怀着怨恨吃牛肉好得多。"人,生于天地间,长于万物中,得到对别人的帮助不感恩怎能立足!

三顾茅庐请君出山,一对立三分,一表忠义魂。誓报先帝知遇之恩,辅佐幼主一心不二,力求复我汉室江山,无奈,到头来只是一场空,但你的忠义,永远在我们心中激荡。为了感恩,你挥师北上,最终病卒异乡。感恩成就了你的忠义两全,大丈夫该当如此!

乌鸦反哺是一种怎样的情怀？没有她,哪有你？最基本的感恩从这里传承,一篇《陈情表》孝感动天,心中没有那对祖母无限的感激之情怎能写出,又怎能说服天子。后人评价有云:读《出师表》

者不哭,不忠;读《陈情表》者不哭,不孝。对父母亲人的感恩是我们最基本的道德要求,莎士比亚笔下的李尔王说:"一个不知感激的孩子比毒蛇的牙还要尖利,让孩子怀着一颗感恩的心能帮助他们在逆境中寻求希望,在悲观中寻求欢乐,只有懂得感恩的人才会与人为善,才会获得真正的快乐。"

然而就是这样一种被从小灌输到思想灵魂深处的道德情感,竟然会日益变得矛盾凸显,善良的种子长出变异的果实。对于"孙俪停捐"事件,我愿在此为孙俪说两句公道话:"我给你的捐助又不是我的义务,我资助你读完高中难道你就没有感激之情吗?如果没有,你的确不如一条宠物狗……"如何才能让善良的种子结出感恩的果实,我们每一个人都该为之思考。

如果你现在还有青春期的那种叛逆,请放下包袱,想想是谁在为你无怨无悔地掏出自己的血汗钱,是谁在为你捡那生气扔出的鞋子,是谁把你一把屎一把尿拉扯大。(请原谅我这么直白)

感恩之心,一瓶万能金疮药,抚平你那久久未愈合的创伤;感恩之心,一条静静流淌的小溪,倾听着浇灭你我心中的不平衡;感恩之心,一双隐形的翅膀,带领你我展翅翱翔。

一束阳光轻轻在书桌来回移动,感恩吧,她温暖了你我的心灵;一丝细雨在田野间跳动,感恩吧,她造就整个春天的春意盎然;一泻无垠的月光在大地巡回,感恩吧,她是千万游子跳动的心,装饰着整个华夏。现在,让我们一起携手把感恩传承下去,让其遍洒人间!

指导教师:马乐英

当感恩铭刻在灼热年华

阜阳一中高一(10)班　纵旻清

　　当春日迷蒙的小雨，洒落在我的衣衫之上；当夏日繁盛的香樟，扎根在我温暖的心房；当秋夜迷漫的薄雾，陪我看天光大亮；当冰雪中的万丈朝阳，引我走过浮荒。那些年年岁岁里无尽的回忆和来日里明媚的远方，都是以时光的手指铭刻下的，最锦绣的最灼热的华章。

　　曾经的我们，都站在理想的金色原野之上，在现实的苍穹下留下一串串自以为是的脚印，甚至我们向着天空拔节生长的清脆声响都在学校这座伊甸园里被清清楚楚地听见了。然而，在我们迈向十六岁的途中，又有谁未曾感觉到理想与现实的距离呢？可我们依然站在这里，为了那些从未放弃的美丽梦想，为了那些曾经付出的不懈的努力，为了感受更加美好的人生。

　　只有挫折才能打造梦想。感谢生活磨砺，感谢时光穿梭，感谢活力无限，感谢似水忧伤。

　　可能是以前的我总年少轻狂，走出象牙塔便感受到生活的真实，那时的我沮丧地品尝失败的苦涩。可是在时光安静流转的日暮上，在雨水滂沱的山路上，在野花绵延不断地烧过荒原的时候，在季风一年一度带来雨水的时候,一切都像是贝壳在岁月的累积中蜕去了硬壳,露出柔软的内部,孕育出散发着光芒的珍珠来。

从那以后我终于明白,就算时光把再多的负担和尘埃累积在我的肩上,它们到最后,都装点了我的生命,让我在灼热的年华中大放异彩,把所有苦涩的泪,酿成甘甜的泉。

拥抱磨难,感恩生活。就像李煜"落花流水春去也,天上人间"。我们用生活诠释人间,我们用人间书写生命,我们用生命装点生活。那些年少时为赋新词强说的愁绪,那些儿时涉世不深的美丽梦想,和着这些年来所有苦涩的泪、深夜的疲倦、苍白的脸庞,一同被时间的大手挥去了,只剩下精心呵护的信仰和无穷无尽的希望。

汪国真曾说:"生活常是这样,你所失去的,命运会用另一种方式补偿。桂花枯萎的时候,菊花又亮秋妆。"我们确实不应该抱怨生活的艰难,而除去那些以磨砺的形式锻造进我们生命的苦涩,还有那么多的美好和善良。我们年轻的生命,我们健康的体魄,我们金色的理想,我们耀眼的光芒。这些,都是当感恩铭刻在灼热年华时,我们无限美好的生命里,一道最美丽的风景。

拥抱生活,在成功和磨难面前,都懂得还命运一个清澈的微笑。

当感恩铭刻在灼热年华时,我在岁月里学会成长;当感恩融化在沸腾的热血中时,我在心室中书写坚强;当感恩覆盖了年少轻狂时,我在日光下告别鲁莽;当感恩凝注成璀璨梦想时,我在天空中播撒希望。

让感恩的心,铭刻在灿如夏花的灼热年华中……

指导教师:唐晓泉

蝶　觅

阜阳一中高二(7)班　朱　睿

　　这里曾经是花海,是树林,每逢春日一片斑斓;这里曾经有数不清的蝶,漫山遍野,好不壮观;那时路人至此,无不赞叹:好美的景、好美的蝶……

　　行走在这条高楼林立的街道上,有着霓虹的华光陪伴,却享受着黄昏的寂寥;有着吉他钢琴混合摇滚充斥着耳道,但脑海里总是拉着凄美的二胡。我在这片世界苦苦寻觅,却寻找不到那翩翩起舞的蝶。

　　或许是为了回报这被粉饰了的世界,蝶也给自己化了妆,化成了一只只欺瞒眼睛的蛾,在这被粉饰的世界"飞舞"。

　　在世的某一天,不经意间我热泪盈眶,因为我看到了一片绿色上,有着几只斑斓的蝶……

　　他是一个孤儿,父母双亡,被奶奶拉扯大。更不幸的是,年迈的奶奶又因糖尿病丧失了一定的行动能力。但他并没有向命运屈服,而是挺起了自己的脊梁,支撑起了这个他与奶奶的家。刻苦读书,捡废品卖破烂,照顾生病的奶奶,这就是不到十二岁的他每天的任务。甚至,他用平时节俭下的一些钱,给奶奶过了一个与众不同的生日。是的,这是一只被称作感恩的蝶,是一只在这片被粉饰了的世界翩翩起舞使人赞叹它美丽的蝶。

他们是一对恩爱夫妻,在走投无路时,一双双热情的手给了他们希望,帮助他们度过劫难。患难后的他们,激动地去寻找那一双双手的主人,立志要踏遍五湖四海向自己的恩人们道声感谢。他们的故事又化成一只美妙的蝶,舞着曼妙的身姿,将感恩的真意融于自己的双翅。

……

感恩不是一声声感谢的话语,而是赤子的一片赤诚的心,用他赤诚的爱来描绘这个世界的美丽;感恩不是道声珍重就可以,而是将自己火热的心雕琢成一盏明灯,将火与光传递到每一片你去过的土地;感恩不是一只只让人生厌的蛾,而是那美妙的蝶,带给整个世界不可磨灭的美丽。

我为我所见的蝶而欣喜,因为她们将真善美传递了下去;我又为她们而悲,因为这世界他们的舞伴难寻。无论如何,我还会去寻觅这世界零零散散的蝶,欣赏她们的美丽,即使再辛苦劳累,我也不会感到疲倦!

既然已是高楼林立,霓虹闪烁,何不再开拓一片绿色,让一只只蝶可以在这片新世界找到属于自己的一片土地。

指导教师:马乐英

感恩,我的昨天

阜阳一中高二(5)班　沙珊珊

我们在无数个今天游刃有余,
我们在无数个昨天回忆感恩。

——题记

昨天,是过眼浮云,真实而朦胧;
昨天,是里程碑文,勒石而铭心。

昨天,以它容纳百川的包容收集着缤纷五彩;昨天,用淘沙巨浪沉淀着五味杂陈;昨天,我领略了人生的百感交集,也体味了生命的如花似梦。在昨天,我学会了感恩;在今天,我也感恩着昨天。

在经历了狂风暴雨后,昨天告诉我,人生不会有永远的艳阳天;在穿行沉云暮霭后,昨天也告诉我,即使有大雨瓢泼,太阳也不会永远暗淡,终有耀眼光芒。当遇到挫折,四顾茫然泪如雨飞时,我依然在孤独中绝望又在绝望中坚强。是昨天用勇气辉映出刚毅,在我心中熔铸出一种神奇的力量,让我坚持下去。

感恩昨天,你的神秘与坚韧,让我感到了人生的真谛。在心如狂澜、鲁莽地任性之后,学会了冷静,方才是大彻大悟情如初;在烦忧似网、徒劳地挣扎后,学会了接纳,方才是大起大落心如镜。是

你教会我淡定从容,不以得而大喜,不因失而大悲,稳重而成熟地去处理一切;是你让我学会宽容接纳,不怨天不尤人,用感恩去善化身边的一切事物。

感恩昨天,你的瑰丽与多姿,让我感受到了人生的美丽。回眸人生的路途,我欣赏了苍穹的蔚蓝和白云的清逸,俯察了落枫的火红与溪流的明澈,欣赏了春天的绚丽和秋日的寥廓,感受了夏日的灿烂和冬季的洁净。千番韵味勾勒出绚丽锦幅,激扬青春挥洒着斑斓色彩。昨天如画,我们每一个人都是读者,经历风雨,阅尽花开花落;昨天如画,我们每个人都是画中人,栉风沐雨,演绎人生的精彩。

感恩昨天,你的厚重与渊博,让我感受到了人生的醇厚。回味人生的琼浆,我意会了忠则《出师表》,孝则《陈情表》,感慨了叛逆青春则《红楼梦》,侠肝义胆则《水浒传》。墨色书香升华出清冽的甘露。昨天如美酒,我们每一个人都是饮者,餐时饮世,品味生活的七滋八味;昨天如美酒,我们每一个人都是酿造者,淘尘漉沙,酝酿人生的甘露。

感恩昨天,你的轨迹与蓝图平铺,让我走到了现实与未来的交叉路口。昨天,我曾经在挫折的岸边执笔刻刀,雕铸刻骨铭心的足迹;昨天,我曾经在希望的田野低头劳作,播种浸透汗水的希望之花;昨天,我曾经在理想的云端振翅翱翔,放飞搏击长空的刚毅之鹰。昨天如诗,我们每一个人都是诗人,仰天长吟,赋写拼搏的欢乐;昨天如歌,我们每一个人都是歌者,纵声高唱,歌唱生命的奇迹。

无数个昨天,无数次感恩。感谢她,让我走向理性走向成熟,不断超越不断升华。感谢昨天,让我抛开心灵的羁绊,走进今天,走向未来,收获熠熠的光彩。

感恩,我的昨天。

指导教师:王霞光

感恩父母

阜阳一中高二(6)班　任继来

我们在温室中成长,总将父母的爱据为己有;在坎坷中前进,总将父母的爱化为成功的阶梯;在清冷中惆怅,总将父母的爱当作内心的依靠……

我们没有送给父母什么,却有理地向父母索取什么,一切的一切都好像是父母必须的付出。我深感我们都是一个个自私的人,一个自私的人会随意将爱释放吗?在我们功名成就、为人父母之时,意识到这一点或许已经太晚了,看着白发苍苍的老人,我们只能将悲痛掩埋在心灵深处。

人世沧桑,岁月蹉跎,十八年的光阴如弹指一挥间,回想起那一段陈旧的岁月,却觉得意味绵长……

时临中考,紧张的学习气氛已将我们深深淹没,纷至沓来的作业让我们眼花缭乱。每次回到家,总能看到父母那慈祥的微笑,听到他们那温暖的问候;每次上学时,总能看到母亲在厨房忙碌的背影,总能听到父亲为我修车子的叮当声。然而"慌忙"中的我们甚至来不及向父母道一声"再见",甚至没有和父母进行一次心的交流,甚至……

夜深了，月光冷冷地洒在干涸的大地上，像铁一样的树干纹丝不动，折射出一种令人颤栗的光芒，偶尔的一两声狗叫便足以让人不寒而栗。强烈的倦意让人精神朦胧，思绪紊乱。

"来一杯咖啡，提神的！"父亲那黝黑的面孔露出温暖的笑容，微颤的大手将一杯香浓的咖啡递了过来。"来一杯牛奶，香甜，咖啡太苦。"平时总爱与父亲吵嘴的母亲此时并没有让父亲迅速将咖啡换成了牛奶。父亲却争执道："孩子疲倦，咖啡能提神……"

其实，不管是清纯的牛奶，还是苦涩的咖啡，都是他们对我纯真的爱，一点一滴都注满了父母盈盈的期盼。

独坐在窗前，看到窗外一片片落叶，不禁想起了"落红不是无情物，化作春泥更护花"的诗句，这是落花对草木的情谊啊！"羊有跪乳之恩，鸦有反哺之义"，何况我们人类呢？

因此不管学业繁忙之时，还是在以后事业有成之时，我们都不能忘记母亲那忙碌在厨房里瘦弱的身影，不能忘记父亲在烈日下那汗流浃背时的微笑，不能忘记校门口那张焦急的面孔……

牛奶清纯，咖啡香浓，爱总是这样一点一滴地充盈我们的心灵。

让我们从一点一滴做起，把我们一点一滴的爱送给年迈的父母吧！

指导教师：陈维贤

感恩生命

阜阳一中高二(12)班 刘 洋

我常常行走在大自然间,体味生命的种种……

两岸青山相对,一江清水流淌着自然的朝气、灵性与生命。水是自然灵透的眼眸,时而荡起的波澜是它摄人心魄的眼神。"水是眼波横,山是眉峰聚"。大自然的水永远流着、淌着,滋润了无数的生命,讲述着每一个生命的律动,无穷、无尽……

生命是大自然创造的,每一个孩子都在母亲的怀抱里欢笑着,张扬着,组成了这多姿多彩的世界。

早春时,万物仍在沉默中酣睡,树枝上悄然露出了那一片嫩芽;盛夏笼罩的葱翠中,树枝从不厌烦地摇摆着绿叶;金黄色的秋末,从高高枯萎的树枝上飘落下来,在空中快速旋转,左右摆动的那一支极尽生命力的叶的舞蹈;银冬,白雪素裹的世界里,那土壤中迸发出希望之音的残叶。同样是叶,却有着不一样的生命姿态,不一样的生命感触。

且不论何时的叶是最美的,只因为有了生命,所以它存在的每一天都是美丽的,都是快乐的。

有了生命才有美丽,有了生命才有绽放的理由。

常常在失落时,穿过青翠的草地,那密密麻麻地钻出地面的绿脑袋,闪着光在微笑;红的、粉的、黄的,各种不知名的花傻傻地开着,雨后还微微带着潮气;蟋蟀的叫声在草丛中时断时续,还有那粪坑里努力滚着粪球的屎壳郎,角落里屡败屡战的黑蜘蛛……这些都是可爱的生命!看到这多姿多彩的生命,我的心情就会格外舒畅。

  因为生命的多彩,自然才是丰富的。不一样的个体承载着不同的生命,不同的生命在大自然的怀抱里绽放着不同的笑容。

  我常常行走在大自然间,体味生命的种种,体味"出淤泥而不染,濯清涟而不妖"的莲的高洁生命;体味"千磨万击还坚劲,任尔东西南北风"的竹的顽强生命;体味"大雪压青松,青松挺且直"的松的不屈生命;体味"俏也不争春,只把春来报"的红梅默默无闻、无私奉献的生命……

  行走在自然间,用心去倾听那七月悠长凄怆的孤响绝唱,去领略那坚韧不屈的生命挣扎,去欣赏那美如堆烟砌玉的重重帘幕。走进生命在那荒石间撒下不屈的种子,在那郁郁葱葱的树林间散开幽草如碧丝。邀一缕清风,剪裁那三月的翠叶,让它摇曳如酒幌,在那千万舞动的酒幌中讲述着亿万年的生命传奇。

  这生命纯正、剔透的温润,沁人心脾。我幻想着有许许多多的生命在远方绚烂地绽放,或天涯,或海角。

  面对生命,我们要常怀着一颗感恩的心,感恩生命为我们带来的多彩世界,感恩生命为我们诠释的哲理、真谛,感恩生命的本质和美丽。

  云卷云舒,落英缤纷。张晓风说:"树在,山在,大地在,岁月在,我在,你还要怎样更好的世界?"

  于是,我常常行走在大自然间,体味生命的种种……

指导教师:陈维贤

感恩天地,情暖人间

阜阳一中高二(6)班　陈锡朋

天空为鸟儿提供广袤的飞翔空间,而鸟儿为天空增添了一道亮丽的风景线,这是感恩;海洋为鱼儿提供宽阔的生活环境,而鱼儿让海洋充满生机与活力,这是感恩;土地为森林提供充裕的养分,而森林为土地披上了绿色的新装,这也是感恩。物犹如此,而我们人类呢?在这天地间,有无数的人给予我们温暖与关爱、幸福与欢乐——我们亦当拥有一颗感恩之心,去照亮整个世界,温暖整个人间!

让我们带着感恩出发,行走在温暖的人间,开始我们的感恩之旅吧!

第一站:亲情如烛光,照亮人生路——家庭站

忘不了,忘不了你在微弱的烛光下为游子织衣补裳:"慈母手中线,游子身上衣。"怎能忘,怎能忘你偎依在门口等候游子归来的眼眸:"慈母倚门情,游子行路苦?"忘不了,忘不了你对孩子嘘寒问暖的话语:"见面怜清瘦,呼儿问苦辛。"怎能忘,怎能忘你勤劳朴素的背影:"父书空满筐,母线尚萦襦。"羔羊跪乳,乌鸦反哺;亲人之爱,山高海深!那既不是"黄河之水天上来"的汹涌澎湃之爱,也不是"势拔五岳掩赤城"的巍峨高峻之爱,而是那潺潺小溪,清泉流水之爱,但正是这溪流泉水,最终却汇集成了"乾坤日夜浮"的大海——正是这片慈爱之海载着游子驶向理想的彼岸!不能忘,绝不忘!"谁言寸草心,报得三春晖?"我把亲人之恩永存于心中!

第二站:学海师长恩,为我扬风帆——学校站

忘不了,忘不了你在课堂上的谆谆教诲;怎能忘,怎能忘你在黑板上用粉笔勾勒出的道道绚丽的彩虹?忘不了,忘不了你课下对学生的深切关怀;怎能忘,怎能忘你对学生满怀期望的双眼?一道道彩虹,构筑起学子通往成功的桥梁;一双双眼睛,蕴含着希望的源泉和温暖的光辉。昼夜操劳,汗洒花圃,呕心沥血,心系田园。老师的爱,是最无私的爱!你们心中唯一的期望,便是"桃李满园春绣锦,芝兰绕阶座凝香"的那一天;你们心中永恒的寄托,便是"长风破浪会有时,直挂云帆济沧海"的莘莘学子!作为辛勤园丁的骄子,我们更当茁壮成长,中流击楫,乘风破浪,回报恩师!不能忘!绝不忘!我把师长之恩永存于心中!

第三站：悠悠华夏恩，温情满乾坤——祖国站

忘不了，忘不了你用甘醇香郁的黄河长江哺育两岸的子民；怎能忘，怎能忘你用"造化钟神秀，阴阳割昏晓"的泰山之巅托起腾飞的民族？忘不了，忘不了你以崛起的科技傲立于世界之林；怎能忘，怎能忘你用无垠的慈爱教化所挚爱的子女？迎击甲流，抗震救灾，凝结着中华民族的团结与情谊；上海世博，北京奥运，见证着东方巨龙的腾飞与强大！祖国母亲啊，你的博大精深，你的无私无畏，你的勤劳勇敢，你的坚毅乐观，将铭刻在每一个华夏子民的心底——无时无刻不激励着我们前行，前行，再前行！不能忘！绝不忘！我把祖国之恩永存于心中！

在漫漫的人生路上，在苍茫的天地间，给予我们恩惠的人不胜枚举，我们感受到的温暖无穷无尽。俗话说："滴水之恩，当涌泉相报。"更何况他们给予我们的是浩瀚无边的海洋呢？让我们从自身做起，从现在做起，尽自己所能，报答他们的大恩大德吧！让我们乘着感恩列车出发，继续我们的旅行，一路上，我们唱起歌儿："感恩天地，情暖人间！"

指导教师：陈维贤

感恩这存在的一切

阜阳一中高二(6)班　任妮妮

对于大多数的我们来说,对这个世界多少有些怨恨,认为自己太过不幸。可事实如泰戈尔所说:"我们自己没有看清世界,却怨世界欺骗了我们。"我们常常带着一颗抱怨的心去看待周围的世界,于是得到了更多不如意的信息。可如果用一颗感恩的心去看待周围,你会发现,这个社会并不像你以前认为的那么糟糕。

拥有一颗感恩的心,心灵如同有了源头的活水,时时滋润你。拥有一颗感恩的心,我们可以从大自然获得以前所未能欣赏到的景色,调节心情。更能帮助我们战胜在社会生活中所面临的种种困难,让我们拥有一份明朗的心情,一份必胜的信念,一个坦荡的胸怀。

用一颗感恩的心去发现这自然界中存在的一切。感谢太阳照耀着大地,带给我们光明;感谢月亮划破了宁静的黑夜;感谢星星的闪亮给这黑夜增添了许多浪漫和无限的遐想;感谢云儿给天空穿上了衣服;感谢风儿吹拂着我们的脸;感谢水滋润了万物。带着感恩的心你会发现,连那平时不起眼的小草也那么青葱可爱。

感恩自己所面临的一切,包括让你痛苦的不幸。换个想法,不幸恰恰是幸运,因为不幸让我们逃离平庸,让我们拥有和大多数人不一样的生活,就如流淌的河水,恰遇斧劈的断崖,才有了瀑布之美。命运给我一地碎玻璃,我又为何不把它做成可以跳天鹅舞的水晶鞋呢?用一颗感恩的心去对待,世界就会变个样。别把自己当成世界的中心,别老带着情绪去生活。

感恩这存在的一切,好的和不好的、快乐的和不快乐的,即使受了委屈和误解也没关系。林肯先生说过:"谎言能够在一些时间中欺骗所有的人,也能在所有时间中欺骗一部分人,却不可能在所有时间欺骗所有的人。"我们相信,浮云虽能蔽日,但天总会晴。

感谢这一切的存在,即使未来有狂风暴雨,我们哼着小曲等待,让心里的阳光在阴雨后绽放光彩。让困难惧怕我们,我们是生命的主宰。感恩这一切的存在,对陌生人也给一个温暖的微笑,把微笑传递下去,创造更加美好的未来。

指导教师:陈维贤

绿叶对根的情意

阜阳一中高二(13)班　任嘉琳

爱有天意,我坚信,不然,冥冥中,为何让我成了你的女儿!

命运的纽带,让血缘成了我们的联系,这种生命的联系在我们身上是永远也解不开的。

你是我的母亲,我的根,我的土地,我生命的母体。

你有世界上最强健的肺,把春日的沉闷、夏日的酷热、秋日的萧条、冬日的冷凄一一过滤,吐出的是湛湛青天。你吸尽了阴霾,紧紧吸附住脚下的土地。把生命的养料源源不断地输送进我的身体,在黑暗里,你也没有丝毫的不满。因为你知道,我,这片小小的叶子,在阳光下、在清风中、在细雨里微笑。

时间,是最残酷的。今天,我蓦然看见,霜雪已染白了你的双鬓,细纹已悄悄爬上你的额头,时光的刻刀已把你雕刻得不那么美丽,这才惊觉,你已苍老了一个世纪。

我记起,我曾是那么怨恨你。六七岁时,我远离了故土,当别的同学欢快地玩耍时,我孤独地流淌我的眼泪;当我带着红肿的双眼,出现在你面前,恳请你带我回家时,你却把我带进班里,不管我的哭闹嘶叫,门"咔嚓"一声关上。我趴在窗前,像被囚禁的小兽,泪水模糊地望着你远去的背影。那是惨痛如粗布般灰暗无光的记忆，让我深深地怨恨你。可到后来，我记起你转身时那一瞬间的迟疑，还有你眼角折射出的晶莹的泪滴，才明白，你放开我的手，只是为了让我接受阳光的洗礼。

朴素执著是你对我爱的诺言，不求回报是你对我爱的盟誓。从青春年华到两鬓白发，那么长的岁月里，你一直都默默地守护着我脚下的土地。你在地下痛苦地喘息，把一切的苦难都埋进地里。

只是为了我——你生命的延续。

你一次次地耗尽自己的体力，我一天天地接近天空。你带着温柔慈祥的目光，微笑着注视着我，一天天绿意茵茵。而我，且只能在云端上，注视着你一天天衰老。我被你捧得很高很高，心却因为你很低很低，低得能看见，你青葱般的玉指变得青筋满布，我弯下腰带着对你最虔诚的敬意哭泣。

让我怎么感谢你，只有在干枯衰落的时候，我落入你的怀中，变成营养输送进你的身体。

让我怎么报答你，我只能挥舞着树叶的旗帜，在高高的山岗上，用最坚韧的姿势挺立，以嘶哑的喉咙歌唱："绿叶对根的情意"。

指导教师：秦 淼

感恩教育征文选

四季颂

阜阳一中 08 级 15 班　胡一勃

春、夏、秋、冬，一个五彩缤纷的轮回。我就活在其中。

享受春天，它是自然复苏的季节。冰封过后，一切都是睡眼朦胧。在冰凉与麻木中，一丝绿色涌了出来。青青的嫩绿，点缀在意犹未尽的雪白之中，好像可爱的冰淇淋，让人心生喜悦。大口咀嚼着泥土的芬芳，猛然间发现春天的空气中充斥着生机与活力。我时常幻想着，在游乐园中骑着旋转的木马，抑或坐在高高的摩天轮上，迎面扑来剪刀似的春风，呼吸着不同于冬的凉爽，心旷神怡。这就是春天。

渴望夏天，一个张扬释放的过程。在白天，炽热的太阳歇斯底里地烘烤着大地，远处的水泥马路上泛着一层令人眩晕的光亮。球场上，让酷热带走汗水，整个人都沉浸在挥汗如雨中。与白天不同，夜晚仿佛进入了另一个世界。蟋蟀像失意的流浪歌手，哪里都是舞台，演奏着无人欣赏的旋律。我不曾听见过蛙声，也不曾散步于荷塘，可是却一直憧憬着朱自清先生笔下美妙的荷塘与月色。那大概是夏的另一种味道吧。

谈起秋天，心底油然而生出一种敬意。春秋春秋，春与秋是有些相似的，都是那么柔和、温润。但是，秋的美较春而言就更为深沉、厚重了。秋是夏的蜕变，将夏的热烈沉淀成金黄色，同时也由于夏的怒放，秋开始凋零。有人说，秋以肃杀为心，一谈及秋就联想起"枯藤老树昏鸦"。于是，秋变得悲伤起来。可是，秋并非只有悲凉，它同样拥有"霜叶红于二月花"的骄傲。只是它淡去了原本的锋芒，进而以一种更为安详的姿态走向凋亡。其实，那是另一次蜕变。

一年到头，最不喜欢的就属冬了。因为冬的冰冷，没有热情，就如同冬天时我的心情一样，毫无波澜，安静得诡异。但是正因为这冷漠才最值得人敬畏，因为它在为春天的破茧成蝶积蓄力量。雪，冬的精灵。它成就了冬天那同样冰冷的颜色。就好像陵园里洁白的墓碑，上面刻着——岁月。一切都有始有终，对于四季循环来说，冬的终结标志着另一个新的开始。

感恩四季，让世界变得如此美丽。

指导教师：王霞光

所谓感恩,在心一方

阜阳一中高二(7)班 李 兰

如若感恩之心破碎,生命也就不再完整。

——题记

蜡烛有心,于是能暗暗垂泪,给漆黑的夜晚,注入粼粼的光辉;杨柳有心,于是能低首沉思,为困倦的大地换上清新的春装;百花有心,于是能纵情怒放,在阳光抚慰下流散出青春深处的芳馨;我们亦有心,于是能满怀感恩,学会感恩世间的一切美好……

所谓感恩,在心一方。感恩是满天朝霞时的旭日光辉,在希望的原野上,幸福散落征程。那是巍然耸立在汗血马上的峭拔男儿,如流星般滑过哀婉凄绝的传奇星空;如一团火焰照耀大地和长空,通明绚丽而又骤然熄灭。

你,岳飞,以崇高的忠孝义节、卓尔不群的才智、精忠报国的凌云壮志,挺立成历史长河中一座不朽的丰碑!你为何如此卓杰?是因为你少年怀有报效祖国的鸿鹄之志,是因为你对母亲谆谆教诲的感恩,是因为你为黎民百姓受苦受难的痛心疾首。正是因为你有感恩之心,才能严于治军,令敌生畏;才能襟怀坦荡,慷慨赴难!不管历史风云如何变幻,你留给华夏民族的感恩之魂是永垂

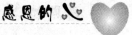

不朽的!

　　所谓感恩,在心一方。感恩如茫茫沙漠中的一泓清泉,给绝望无助的人以矢志不渝的坚持。惜哉剑术疏,奇功遂不成。其人虽已没,千载留余情。

　　你,荆轲,为报答太子丹的知遇之恩,苦心劝说樊於期自刎,即使知道是"风萧萧兮易水寒,壮士一去兮不复还"的结局,仍然选择义无反顾地奔赴不归之路。是你对太子丹知遇的满怀感恩,激起你勇往直前的信念;是你用流过血的生命,谱写了世间的感恩华章;是你用流星般的闪耀,成就了千秋万代的旷世美名!你把伤害留给了自己,把寂寞留给了自己,是你让这个本已千疮百孔的世界多了一些温馨、仁慈、友善和祥和。看似残缺的结局,带给我们的却是感恩的地久天长!

　　所谓感恩,在心一方。感恩是弥漫着艾草香的怀抱,安宁而温馨,是魂牵梦萦的挚爱。人们都说血浓于水,然而,比血更浓的却是生死不离的亲情。亲情需要感恩。

　　每每拿起话筒,独在异乡的人拨通那串烂熟于心的号码后,搜肠刮肚地想倾诉对父母的思念,却始终找不到一句恰当的话。而电话那头,父母殷切问暖、思念关心倾心而泻、持续不断。心,忽然酸得不成样子,泪水也悄然地溢出眼眶。是啊,人的一生,总要从自己的眼泪中开始,于别人的眼泪中结束。在两种眼泪的间隔中,需要感恩的亲情贯穿始终。终于明白:背井离乡,我们背负的不仅是求学的行囊,还有亲人深深的牵挂。那么,沉浸在牵挂中的人,是否记得感恩呢?

　　盈盈月光,赤心的我愿掬一捧最清的,给强盛繁荣的祖国一份敬重;

灼灼红叶,诚心的我愿捡一片最红的,给情真意切的朋友一丝温暖;

落落余晖,挚心的我愿拥一缕最暖的,给最亲的亲人隽永的爱;

漫漫人生路,我要采撷世间最弥足珍贵的——感恩之心。

指导教师:马乐英

孝,只需一颗感恩的心

阜阳一中高一(3)班　吴瞳瞳

孝,自古以来就是中华民族的传统美德。要想真正做到孝,理解它的内涵,首先需要我们怀有一颗感恩的心,感受生活中点点滴滴爱的芳香。

朦胧的月色、温馨的小屋,我和奶奶依偎在柔软的沙发上看电视。过了一会儿,奶奶拿起指甲刀要剪指甲。她戴上那模样古典宽大厚重的老花镜,眼微眯着,费了半天劲才剪下了一丁点零碎的指甲。

"我来吧。"看到奶奶这样力不从心,我拿起奶奶手中已有些磨损的指甲刀,托着奶奶布满青筋的手,灯光下,给奶奶剪起了指甲。

"哎!奶奶老了,手脚不那么灵活,眼睛也不好使了。"叹息中虽然有几分忧愁与无奈,但却能依稀地感受到奶奶的几丝欣慰。

奶奶患有灰指甲,每个指甲都厚厚的,又黄又硬,剪起来真的很费劲。目光无意间滑过奶奶的手面,我怔住了。那是怎样的一双手啊!青筋在粗糙的手面高高突起,稠密的老年斑布满了手上的每一个角落,是那样的黑,那样的没有光泽;关节处肿肿的,大大小小的裂纹露出微微的血丝,在灯光的照射下显得那样刺眼……

然而就是这样一双树根般的手,拉扯着我跌跌撞撞地成长;就是这样一双手,每天为我们准备一道道极富营养的佳肴;就是这样一双手,让我们的衣服干干净净,整整洁洁……这是一双如此平凡的手,又是一双如此伟大的手!是这双手,含辛茹苦地哺育着我们,创造了幸福和谐的家庭,撑起了一片爱的天空!

我替奶奶剪完了指甲,用小刀片将指甲表面厚厚的垢层轻轻刮去,最后用棉签涂了点药水。

抬头看了看奶奶,奶奶的确老了。岁月的沧桑无情地掠走了奶奶往日的容颜,取而代之的是满头的银发和那似乎永远也无法抚平的满脸的皱纹。奶奶每天忙里忙外,为了我们不辞辛苦,但就是这样无私的付出,我们有时不高兴了还在她面前发脾气!想到这,泪水不禁浸湿了我的眼眶。

奶奶借着灯光将那双修整过的手看了一遍又一遍,脸上全是欣慰的笑容,慈祥的双眼眯成了一条缝。柔和的灯光下,奶奶的脸微微泛红,面容灿烂得就像一朵盛开的桃花……

然后,我和奶奶继续看电视。但节目不再是我平时喜欢看的言情剧,而是她最爱的山东琴书。我和奶奶说啊,笑啊,聊了很多很多……

孝,需要怀有一颗感恩的心,去感受生活中点点滴滴的爱,带有这颗感恩的心付诸行动,哪怕只是在空闲时帮老人捶捶背、梳梳头、剪剪指甲,或是一句问候、一个微笑,这就能让孝的芳香散发出来。

怀着一颗感恩的心感受生活吧!不只是孝,我们还要用这颗感恩的心去温暖他人,传播爱的芬芳!

指导教师:马 利

用感恩定格人生

阜阳一中高二(5)班　陈　珮

日月更替，朝夕轮回。人生百年，如花开花落，云卷云舒一般，只是一道短暂的风景。然而感恩却在人们心中定格成了那些溢满真情的隽永的瞬间。

"收二川，排八阵，六出七擒，五丈原前，点四十九盏明灯，一心只为酬三顾"。简短的一句话，概括了诸葛亮的一生。从白帝城托孤，到出任军师，甚至到后来成就偏霸一方的蜀汉政权。"鞠躬尽瘁，死而后已"是他终生遵奉的信条。他全心全意辅佐先主，竭尽心力，献计献策。他的满腔热血来源于一颗感恩的心，是由知遇受恩中的点点滴滴凝聚而成的一种无法抵挡的力量。他不仅挽救了一个行将就木的王朝，也成就了自己的百世芳名。他用自己的赤胆忠心诠释了感恩，在漫长的历史画卷中留下了绚丽的一笔。

"我还有一颗感恩的心！"面对病魔的纠缠和人生的不幸，霍金的回答居然是这样的。很难想象他是怎样以三根仅能微微活动的手指，推开了探索宇宙的大门，引领人类进入一个崭新的时代。他的人生被"定格"在轮椅上，思想却漫游在无边的宇宙中。那双深邃的眼睛放出异样耀眼的光芒，穿越时间与空间的界线，划过璀璨的星空。迷惘中,仿佛听到贝多芬的《月光曲》在轻轻地流淌,那是一曲对生命的感恩圣歌。可以想象,此刻的霍金,内心的那份空明、澄净与超然。他不仅摆脱了命运的枷锁,也完成了对人生的超越。他用自己卓越的贡献表达了对不幸人生的感恩,用并不健全的身躯报以世界最真诚的微笑。那真挚的情感就如同电闪雷鸣过后的彩虹,在浩瀚苍穹上掠过一道完美的弧线。

周恩来总理从小由嗣母陈氏抚养,她把自己所有的心血都倾注在对他的教育上,待他如自己的亲生儿子一般。我们的周总理便是在这样的家庭环境中成长为一位伟大的国家领导人的。不幸的是,在他投身革命期间,嗣母患上了肺结核,最终离开了人世。他在一次答记者问时深情地说:"三十八年了,我没有回过家,母亲墓前想来已白杨萧萧,而我却痛悔着亲恩未报。"这句意味深长的话语满载的是他对母亲的思念,是他给予母爱的最质朴却又最温暖的感谢。而这其中蕴含的无限感慨、遗憾,就像一块沉重的石头,投掷到每个人的心中,荡起了层层涟漪。他用无私的大爱诠释了平凡与伟大,换来了百姓的尊敬与爱戴。一颗感恩之心,展现了一位伟人的风采。

时间的河静静地流淌,然而抹不去的是那些感恩的画面,是那些深深烙在人们心中的真情。那人性至真至诚的感恩之情,就这样撩动人们的心弦,掀起了岁月的波澜。那是对生活的希望,是对过去的铭记;是一种人生的态度,是思想境界的升华。感恩的深处,是我们灵魂的家园。

人生如晦暗夜空中的流星,稍纵即逝。学会感恩,将灿烂的人生定格。抬头仰望星空,感恩闪烁着耀眼的光芒。这一刻,心朗如天。

指导教师:孙祥强

紫藤和残墙

阜阳一中高一(19)班　徐耿雨

在一个偏僻的角落,有一堵伤痕累累的残墙,与四周生机勃勃、野花芬芳的环境显得极不协调,但它仍坚守着自己的一方天地,默默不语。

春日里,幼小的紫藤芽从残墙脚下悄悄探出脑袋,揉了揉矇眬的睡眼,争先恐后地沿着残墙拼命攀爬。终于,紫藤爬上了残墙的顶端,它们欢笑着,打闹着,到处开放。远远望去,满眼浅紫像一条紫色的瀑布垂流而下,这时,紫藤成了这静寂的角落里最美的风景,阴影里的残墙露出了微笑。

偶尔一个行人经过此处,惊讶地望着满墙紫藤,啧啧称赞:"天呐,竟有这样美丽的花!"说完,却又摇了摇头:"只可惜,这堵墙太破,太丑陋了!"骄傲的紫藤听了行人的话,高挂在云霄的心突然间坠入了幽暗的峡谷。紫藤仔细地审视身后的残墙,果真又老又丑,与自己美丽的身姿相差甚远。紫藤急了,为自己的美丽遭到玷污而呜呜哭泣。阴影里的残墙不再微笑,眼中也似乎暗淡了许多。

伤心的紫藤松开了原本抓住残墙的手,背过身来,要挣脱残墙憧憬着远处的美好的风景……

夜里，一场暴雨从天而降，铺天盖地。清晨，万物从惊恐中醒来，却见那墙紫藤已然不复存在。它们躺在墙边的泥水中，片片花瓣凋零在水面上。昔日的繁华不再、光彩已逝，只留下满地的紫藤伤心地诉说着命运的不公。

可怜的紫藤花，如果能用一颗感恩的心面对这一切，如果能牢牢地抓住那堵残墙，或许能在相互扶持中战胜肆虐的暴风雨。但它却不明白，正是这堵残墙，默默地在背后支撑起了它的美丽。当它忘记了感恩，毅然撒手离去的那一刻，它已注定了自己的凋零！而今，它只好静静等待枯萎命运的来临。

学会感恩，如此浅显的道理，如今却被太多的人忘记了。他们离开了多年来养育自己的父母，他们留下了孤单的老人们独守空巢，他们甚至把年迈的父母赶出家门……一个完整的人，应时刻铭记恩德，并以十倍、百倍回报。不知感恩的人，他们必定成为凋零的紫藤，一无所有。

请记住这个简单而又朴实的词语——感恩，我们将受益终生。

指导教师：徐兰兰

一路走来,感谢有你

阜阳一中高二(15)班 杜静宇

我本是飘浮不定的云彩,却有了你深邃蔚蓝的拥抱;我本是放荡不羁的风儿,却有了你透明无声的宽容;我本是迷失航向的帆船,却有了你那海纳百川的胸怀。一路走来,感谢有你,我的母亲!

还记得小时候我总爱倚在你的身边,靠着你的肩膀,仰望静谧的夜空,听你讲让我充满无限遐想的故事。我记得有颗星很亮、很亮,像妈妈的眼睛一样。我总是想把它摘下,献给你。你总是很高兴听我讲这个永远也无法实现的愿望,很快乐,很快乐。你的爱就像天使一样守护着我,很温馨。

孩子总会长大的,然而,长大的我并不如你期待的那样成熟与理智。很快,我进入了所谓的"叛逆期",脾气莫名地滋长,心理甚至扭曲,有时候竟把父母的伤心当作自己快乐,竟然没有一丝自责。于是,对你的一言一行都横加指责,俨如我是位长者,而你则成了委屈的孩子。你不曾言语,总是默默地承受,但这却换来我的更加不理解,更加的肆无忌惮。我不曾注意,你的倦容是你背后流下的泪水,你的忍耐是你无限殷实的期待。你不怨我,只因为我是你的孩子,是你所有的爱倾注的对象。

再大些,我开始感到愧疚。是我太不孝,让你的心一次又一次地破碎。当我为曾经的无知与幼稚道歉时,你的眼里分明闪耀着晶莹的泪光。

如果儿女是父母上辈子欠下的债,那么母亲,你早已还清了债并让我欠下了对你的债。你的爱,我此生无法还清,于是只有珍惜拥有的母爱。是我过快的成长偷走了你的青春,多少个日夜的辛劳,多少滴汗水的浇灌,多少份鼓舞的期待,让你的额头留下了岁月的刻痕,你却无怨无悔。你曾说,我是上天赐给你最好的礼物,你的一生为我而活。一路走来有你的陪伴,我不曾孤单,带着感恩与爱,勇往直前,却经常把你的爱当作理所当然。我真的欠你太多,母亲。你说我是你生命的延续,那么我只想走好你希望我走的每一步。

真希望属于我的年轮能快转,让我能为你解难。妈妈,我不想你为了我们的生计过早把身体累垮。看到你那次累倒在床,我哭了,我的世界瞬时没了支撑。我愿意牺牲我的来世换你今生,只愿你能一生幸福。妈妈,我永远的依赖。明天我要做你的港湾,希望你能让我用一生去爱!

一路走来,感谢有你!

双手合十 感恩无限

阜阳一中高一(21)班 阎丹妮

春风吹过,带来片片雪白轻盈的柳絮。望着返绿的草地、融冰的河水、欲开的花苞,成长的自己,心底溢出一种稠浓却清甜的情感。

双手合十,感恩无限。

羔羊跪乳,乌鸦反哺。我们从母亲的子宫里孕育而出,母亲用乳汁将我们哺育,父亲用诚信教我们做人。他们用尽心血养育我们,却从不希望从我们这里得到什么,只是每天如太阳般把他们的温暖无私地给予我们。父母的养育之恩我们无以回报,只能尽我们所能,孝顺敬爱的父母。

双手合十,感恩父母。

滴水之恩,涌泉相报。人在世上会有坎坷,也总会有人在我们身处困境时伸出温暖而有力的手。对于这些无法报答的帮助,我们只能时时用感恩的清泉擦洗我们的心灵,使其不被蒙上冰冷的灰尘。感恩那些曾帮助过我们的人,将那些帮助我们的点滴付出永铭于心。

双手合十,感恩恩人。

冬去春来，万物复苏。鸟儿在枝头鸣叫，似乎在感恩自然给予的生命。我们生活在大自然中，大自然给予我们的恩赐太多。蓝天的广阔、阳光的灿烂、海浪的澎湃、森林的葱郁……无不让我们感受到了无限的生机与活力。感恩大自然的无尽美好，感恩上天的无私给予，感恩大地的宽容浩博。

双手合十，感恩自然。

感恩是一种态度。面对生活的挫折，面对痛苦或快乐，面对每一件大事和每一个细节，都要怀有一颗感恩之心。它是一种歌唱生活的方式，能让我们永远保持健康的心态、完美的人格和进取的信念。

感恩是一种处事基础。学会了感恩，人就有了旷达的精神、宽广的胸襟，能让我们在生活中看见更多的快乐与美丽。

佛法中说"报四重恩"：一是感念佛陀授我以正法之恩；二是感念父母生养抚育我之恩；三是感念师长启我懵懂，导我入真理之恩；四是感恩施主供我所需之恩。

我们虽不信佛，但也应感念自然界：太阳供我光明与热能，空气供我呼吸，花草树木供我赏悦。

感恩明月照亮了夜空，感恩朝霞捧出了黎明，感恩苍穹放飞理想之梦，感恩时光长留永恒公正。

双手合十，感恩无限。

半缕阳光

阜阳一中高一(9)班　王祥如

冬日的清晨,推开阳台那扇半透明的落地窗,试图寻找什么,不经意间发现半缕阳光射进了我的房间。错落的影子、细碎的斑斓、影影绰绰的执著,在瞬间犹如一盏明灯直射进我的心田,却比灯光更显温暖。

我依偎在阳台上,触到了风的翅膀,嗅到了阳光的味道,感受这冬日的阳光所带给我的慰藉。清晨的城市,笼罩在一片寂静之中,在阳光的渲染下,分外和谐。树上的积雪开始慢慢融化,那雪化的声音很好听,像是在谱写一首无声的感恩曲。突然有种想要抓住点什么的感觉。想要珍惜眼前的一切,铭记眼前的一切。我觉得生命赋予我们的太多而我们却把握得太少。留下一种稍纵即逝的幸福,确是值得我们每个人去珍惜的。

我渐渐地记起了一些人、一些事,那些过去的、风干的,记忆的碎片,像一列没有尽头的火车,驶在脑海中某个熟悉的角落,慢慢地切割我心底的脆弱。有些思绪,尽管会被时光定格。可是感觉,却是一刻也没有停止过。我想起了我的爷爷,想起他每一次送我去上学,每一次陪我去放风筝,更记得那些他经常对我说的话,那么永远也挥之不去的难以言尽的牵挂。我想起了我的老师,我清晰地记得在那个少年无知的时代里,他的每一道目光、他的每一丝微笑、他的每一个慈爱的动作里,都隐藏着对我、对未来的一份希冀。我想起了她,一个陪我一起长大的她,我们曾一起奔跑在那道寂寞的巷口,对着蓝天的方向,诉说着彼此的梦想。我们曾经那样依赖着彼此,我们曾经约定一起长大。即使现在那些有关过去的美好愿望早已被生活染白,再没了艳丽的颜色,可那些岁月,无论年轮怎样旋转,却永远难忘。

那些消逝的远去的年华,早已将我与过去封锁在两个不同的世界里,中间隔着纪念。可我不愿意忘记也不会忘记,那些生命中最重要的人所给予的昨天。我感恩他们每一个人,因为他们都曾经像那冬日的阳光,带给我温暖。

然而我更感激现在我所拥有的一切,少了爷爷的陪伴,还有父母陪在我左右;身边依旧有位笑了会陪我一同笑、哭了会帮我擦干眼泪的她,尽管新颜早已换旧颜。我觉得我不曾失去什么,因为生命对于每个人都是公平的,有些我们从未注意过或是从未在意过的东西,也许有一天会遗失在时间的缝隙里,很少有人再记得,可是这些,却值得我们一起去感恩。

感恩生命里的每一缕阳光,每一寸我们赖以生存的地方。感恩生命里的每一位过客,他们或许是你的亲人、朋友,甚至是陌生人,但是无可厚非的是,他们教会了我们成长。

感恩是冬日的一缕阳光,是永远也走不完的路,是本没有结语的书……

直至一天,白发青黛

阜阳一中高二(17)班 邢光玙

听席慕容说起母亲:

她说,母亲有了你和你的弟妹,再困苦的路她也肯走。

所有的母亲都是世间最尊贵的一种贵族。

想起那些烂熟于心的句子:

谁言寸草心,报得三春晖。

低回愧人子,不敢叹风尘。

母爱不像父爱那样坚硬,伸手碰到坚硬的棱角时,会被划伤而抱怨,永远不懂其中爱的深意。

母爱永远是柔软的。

柔软得宛如身上的那件轻衣,给你温暖,而且,从来都不会将你刺痛。

从来都不会老去,从来都不会收回。

我们只是享用着它的延续性,并毫不动摇地觉得它理所当然。

可我们都忘了那理所当然的背后凝聚着多少艰辛。

我们不能理所当然去拥有,我们只应理所当然去珍惜。

有那么多我没有流过的眼泪,她已经为我流过了;有那么多疼痛,她已经为我承受了;有那么多寒冷和饥饿,她已经替我经受了。

纵使这些从来都没有发生在她的身上,只要她想起她的女儿在经受着其中的任意一种,她都不可能有一刻的安心。

这一切都是为了她那个不听话、不乖巧、不漂亮又不优秀的女儿。为了这样一个平凡的女孩,她心甘情愿地付出她所有的时间和青春。她心甘情愿地看着皱纹一笔一画地切割自己原本光滑的眼角,看着时间在双颊上抹上擦拭不去的斑点,看着岁月带着韶华毫不迟疑地逃离,看着光阴抚摸下发丝的青色一点点地褪去,这些用再多的化妆品都不可能掩盖的痕迹,被时间一点点发掘。

而她换来的只是想让那个女孩有个安稳的生活,有一个自己可以遮风挡雨的家。她从来不期望孩子能做出任何惊天动地的大事,只是想那个女孩今后能够有一个平淡而安定的生活,平凡一点再平凡一点。她只是想那个女孩以后真真切切地感受幸福,哪怕是把自己所有的快乐和时间给她都可以。

她就是这样地去爱孩子,用她的心,用她的命,用她的所有——只要她有。

只是,这个女孩却和所有普通的女孩一样,一样的贪玩、一样的任性、一样的不听话,甚至比普通女孩还不让人省心。

但她也会很努力地去做,因为她很清楚地知道,一定要让自己的妈妈成为最幸福的妈妈,一定不可以再让妈妈伤心。

妈妈,我以后一定不再惹您生气了;妈妈,我以后一定不再和您吵架了;妈妈,我以后一定不会再让您难过了;妈妈,每天早睡一点吧,这样对皮肤好;妈妈,您一定要越来越年轻;妈妈,您永远是天底下最好最漂亮的妈妈;妈妈,我爱您!

所谓"感恩",大概就是感谢别人所有的恩情,而您给我的不是恩情,她是任何人都替代不了的爱和付出。我只是想用一生的时间好好地去爱您,让最爱我的您幸福快乐,不要有一天的伤心。

心的连接

阜阳一中高二(8)班 訾垚垚

复杂的社会让人们因为不同的原因渐渐相互疏远,情感的缺失让心与心之间仿佛多了层隔膜。

曾几何时,萍水相逢的两人可以因为一把伞的借让成为一生的朋友;老友相遇提起曾经的岁月,难忘的还是别人对自己的好,哪怕仅是一字之师也会铭记一生。感恩之情让我们在茫茫人海之中找到对方,只为互相问候,知道你一切都好。

可有一天,功利的气息蒙蔽了我们的双眼,让我们在争名逐利的巨大压力前气喘吁吁。事事顺利让人骄傲,渐渐忘记过去的同甘共苦,那些有恩于我们的人竟渐渐淡出了视野。我们都想成为最好的自己,所以将自己的利益放在首位,难以顾及其他。我们为了自己的目标不断前进,不敢停下一步去整理自己的思绪。被无情时光和无常世事打磨的我们,将感恩放在何处,有时连自己都不清楚。

人们感谢友情,人们呼唤美好,感恩从没像今天这样重要。我们用感恩来点亮人与人之间那条心灵交流的渠道,连接彼此的心。让我们坦诚相待,以情相交。当我们用真挚的情感说出感谢的话语,哪怕是三九寒天也会给人以温暖。让尔虞我诈在这一刻消失,让冷漠无情在真爱中融化。

感恩的心让人活得轻松,让生活充满阳光。感谢父母的养育之恩,哪怕你与他们有过太多的争吵;感谢老师的教育之恩,虽然他给你留下过太多作业,让你叫苦不迭;感谢你身边的好友,谢谢他们能原谅你的错记得你的好。人生这条路上总少不了磕磕绊绊,而感恩的心让我们只记得路上的清风细雨与欢笑。

感恩的心也许无法阻挡灾难的到来,但如果在那人生的交接处相识的两人能相逢一笑,只为感谢岁月让有爱的两人相见,那也算是人生路上的一种圆满。

忽然想起一首歌:

黑黑的天空低垂

亮亮的繁星相随

虫儿飞,虫儿飞

你在思念谁

天上的星星流泪

地上的玫瑰枯萎

冷风吹,冷风吹

只要有你陪

虫儿飞,花儿睡

一双又一对才美

不怕天黑,只怕心碎

不管累不累

也不管东西南北

愿感恩的心让这份童真的愿望与你一路相随。

一双手

阜阳工贸学校09高考班　陈贝贝

当我呱呱坠地时,这双手小心翼翼地将我抱在怀中,仿佛抱着世界上最珍贵的宝物。那张平凡的脸上,溢满幸福的笑容,宛若拥有了全世界。

当我蹒跚学步时,这双手撑起我柔软的身体。那眼神里的担心、紧张,呼之欲出。

当我迈出人生的第一步时,这双手的主人高兴地将我搂在怀中,又把我举到天上。

当我步入学堂时,这双手为了将我的学费凑齐,去与那泥和水打交道,那十指青葱就此变得又粗又黑。

当我第一次学会做饭时,这双手轻柔地抚摸着我的头,脸上流露出的是满足,眼角坠下的却是泪珠,面带微笑地将那难以下咽的饭菜,悉数吞下。

当我执著追逐梦想而受伤时,这双手轻抚我的后背。虽没有任何言语,却为我挡下了一切风风雨雨。

……

岁月这柄无情的剑,肆意地在这双手上刻画。从前的纤纤十指,如今已布满裂痕。我明白:那上面的沟沟壑壑,皆是我成长的代价。在过去的多少日子里,这双手忙忙碌碌,从不为自己,只为我。

我也终于懂得了:"上帝眷顾不了那么多的人,才创造了您——母亲。"

大年三十儿下午,我们娘俩儿在厨房包饺子。您将这双手浸在水中洗了又洗,嘴里喃喃地说:"哎!怎么老是洗不干净啊?"直到双手泛白,十指被水泡得起皱。我实在看不下去了,抓住您的手,把水倒了:"这就很干净了,咱们开始吧!"您一言不发,摇着头,无奈地和面去了。望着您不到四十岁就已开始佝偻的背,我心中百感交集,眼睛一阵发酸。

忽然想起冰心的那句诗来:"母亲啊!天上的风雨来了,鸟儿躲到它的巢里;心中的风雨来了,我只是躲到您的怀里。"

从今天开始,妈,我们换一下好吗?换我来为您遮风挡雨,做您心中的寄托。或许,我做得并不如您那么细心、到位,但我还有时间,我们可以慢慢儿来,总有一天我也可以的。

指导教师:阎 娟

感恩祖国

阜阳铁路学校六(3)班　王淑琪

祖国,伟大的母亲,我要感谢您。是您,用吐鲁番的葡萄、海南的菠萝、砀山的梨、关中平川雪白的棉花……养育了我,给了我无尽的精神食粮和宝贵的财富……

祖国,伟大的母亲,我要感谢您。是您,用边防哨所战士枪口的准星、港口领航员帽檐上的国徽、天安门广场上清湛湛的蓝天、鸽子回翔的华表和堆满鲜花的人民英雄纪念碑,保护了我,给了我安宁和温馨……

祖国,伟大的母亲,我要感谢您。是您,用孔子"修身、治国、平天下"的呐喊,用文天祥"人生自古谁无死,留取丹心照汗青"的慷慨陈词,用岳飞"精忠报国"、林则徐"虎门销烟"的壮举,用少年周恩来"为中华崛起而读书"的铮铮誓言……照耀着我,给了我远大的志向和自强不息的追求……

祖国,伟大的母亲,我要感谢您。是您,用太多的沧桑与沉浮为我擦亮眼睛,迸发出"时刻准备着"的呐喊,挺起永不屈服的铮铮铁骨……尽管耻辱的卖国条约在您身上刻下疤痕,帝国主义侵略者践踏过您的身躯,"十年动乱"也曾使您的双脚变得沉重缓慢……但您一次次坚强地站起来,迎来了一次又一次辉煌,创造了一个又一个奇迹。

　　祖国,伟大的母亲,我要感谢您。是您,用描绘现代化蓝图的纸、指引前进方向的罗盘、用播种文明的活字印刷、用火药制成的噼噼啪啪的鞭炮和像夜空喷洒的五彩缤纷的礼花,照亮了我,给了我熠熠闪光的智慧和走向振兴、走向富庶的信心……

　　今天,在铺满鲜花的土地上,在白鸽翱翔的蓝天下,在满天朝霞的旭日光辉里,在雄伟庄严的国旗下,我要再一次真挚地感谢您:祖国,我古老而年轻的祖国,我伟大而智慧的母亲。是您,让我过上了幸福美满的生活;是您,让我能够在舒适的环境下学习;是您,让我对未来充满了希望!我要永远感谢您:为了祖国的强盛,人民的安康;为了祖国的繁荣,人民的幸福;为了祖国的社会主义现代化建设,为了人民灿烂辉煌的明天和未来……

　　祖国是我们的根,是我们的源。有了强大的祖国才有我们做人的尊严;有了富饶的祖国,才有我们现在所拥有的一切!就让我们怀有一颗虔诚的心——来感恩祖国吧!

指导教师:张文锋

后　记

　　为贯彻落实《中共中央国务院关于进一步加强和改进未成年人思想道德建设的若干意见》和《公民道德建设实施纲要》，以促进青少年健康成长，进一步弘扬传统美德，阜阳市直机关工委在市委、市政府的领导下，在市委组织部、市委宣传部、市文化广电新闻出版局、市文联、阜阳日报等社会相关部门的通力合作下，以感恩教育为德育的切入点，在市直学校开展了第一届感恩教育征文评选活动，并将优秀征文汇集为《感恩的心——感恩教育征文选》。

　　《感恩的心——感恩教育征文选》一书，既是德育教育成果的体现，又是市直学校全体学生辛勤劳动的结晶。这本书对青少年、对我们每一位成人都有极强的启发意义。就像一首歌里唱到的那样：人人都应该有一颗感恩的心——感谢明月照亮了夜空，感谢朝霞捧出的黎明，感谢春光融化了雪冰，感谢大地哺育了生灵。感谢母亲赐予我生命，感谢生活赠友谊和爱情，感谢苍穹藏理想幻梦，感谢时光常留永恒公正。感谢收获、感谢和平、感谢这一切一切的所有。

　　在编辑本书的过程中，得到了市领导、市直有关单位、市直各学校团委和老师的大力支持和热情帮助，在此一并表示感谢！我们感谢付出艰辛劳动的各位老师，感谢为本次活动提供支持的安徽金种子集团，感谢一切关心、支持青少年教育的社会各界人士！

　　由于时间匆促，水平有限，书中难免存在不足之处，敬请批评指正。

《感恩的心——感恩教育征文选》编委会

2010.8